tout cru
La cuisine
sans four ni casserole !

Julie Andrieu

tout cru

La cuisine
sans four ni casserole !

Albin Michel

Ouvrage publié sous la direction de Claude Lebey

Paru dans Le Livre de Poche :
La Cuisine expliquée à ma mère

© Éditions Albin Michel S.A., 2001.

ISBN : 978-2-253-08439-6 – 1re publication LGF

Sommaire

Les recettes suivies de (V) sont des variantes de la précédente

Introduction 16
Menus tout crus 20

Les sauces et les dips

Sauce moutarde-orange 25

Vinaigrette de betterave 26

Vinaigrette douce aux échalotes 27
- Vinaigrette douce à l'oignon rouge ou à l'ail (V) 28

Sauce vierge aux légumes de Provence 28

Raita de banane 29

Purée d'avocat à la crème de sésame 30

Guacamole 31

Cottage cheese aux noisettes 33
- Cottage cheese aux noix (V) 33
- Fromage blanc égoutté aux noisettes ou aux noix (V) 33

Purée de pommes vertes aux épices 34

Faisselle au blé concassé 35

Purée d'ail à la libanaise 36

Purée de noix au carvi 37

Pâte de tomates séchées 38

Tarama maison 39

Les amuse-bouches et les apéritifs

Abricots au parmesan **43**
- Abricots au fromage de brebis (V) **44**

Bouchons d'asperges en robe de graines **44**

Crackers mis au vert **45**

Makis express au pain **46**

Feuilles de fenouil à l'anchoïade **48**

Concombre à la marmelade de noix **50**

Cigarettes de gruyère à l'huile de truffe **51**
- Cigarettes de comté ou d'emmenthal à l'huile de truffe (V) **52**

Triangles de brebis à la pâte de coing **52**
- Triangles de comté à la pâte de coing (V) **53**

Rouleaux de saumon à la rémoulade de chou **53**

Tomates olives au caviar provençal **54**

Bouchées de dinde au jambon de Bayonne **56**

Bouchées de sardines au sel **57**

Boulettes de chèvre au raisin **59**

Croqu'huîtres au foie gras **60**

Les salades

Saumon mariné aux lanières de concombre **63**

Salade d'herbes juste cueillies **64**
- Mayonnaise aux herbes (V) **66**

Salade César au vinaigre balsamique **66**

Chou chinois façon coleslaw **68**
- Chou blanc pommé façon coleslaw (V) **69**

Salade de citrons aux olives et à l'origan **69**

Salade de pourpier au zeste de citron **70**

Salade de fraises au cresson **71**

– Salade de fraises à la mâche (V) **72**

Salade toute verte aux courgettes, aux pistaches et au raisin **73**

Melon citronné aux baies roses **74**

– Melon citronné au poivre de Setchuan (V) **75**

Petits pois aux pommes et à la menthe **75**

– Fèves aux poires et à la menthe (V) **76**

Radis o'fanes **77**

Pousses d'épinards à la poutargue **78**

Salade de betteraves aux noix **79**

Salade d'aubergines tête de chat **80**

Salade de haricots verts à la cardamome **82**

– Salade de fèves à la cardamome (V) **83**

Cresson et grenade au fromage de brebis **83**

– Cresson ou mâche et grenade, tomme de chèvre, fromage de brebis ou cantal (V) **85**

Salade de crabe aux herbes **85**

Endives aux pommes et au roquefort **86**

– Endives aux poires et au bleu d'Auvergne (V) **87**

Salade exotique de jambon aux carottes **87**

– Salade exotique de jambon aux courgettes (V) **88**

Mâche au chocolat amer **88**

– Pousses d'épinards au chocolat amer (V) **88**

Les râpés

Salade de panais aux figues sèches **93**

- Salade de panais aux abricots secs ou aux dattes (V) **94**

Carottes aux amandes et à la fleur d'oranger **94**

- Chou pommé aux amandes et à la fleur d'oranger (V) **95**

Allumettes de céleri et de comté aux noix **96**

- Allumettes de céleri au beaufort ou gruyère (V) **97**

Salade chilienne aux pommes vertes **97**

Râpée de courgettes au chorizo **98**

- Râpée de courgettes au saucisson sec (V) **99**

Salade de radis noir aux herbes et aux amandes **99**

- Salade de céleri-rave aux herbes et aux amandes (V) **100**

 ## Les tartines, les sandwichs et les terrines

Tartelettes de chèvre aux champignons **103**

Pans-bagnats à ma façon **104**

Tartines ricotta-rucola **106**

- Tartines ricotta-pissenlits ou ricotta-cresson (V) **107**
- Tartines chèvre frais-roquette, aux pissenlits ou au cresson (V) **107**

Tartines campagnardes de sardines aux pommes vertes **107**

- Tartines campagnardes de thon aux pommes vertes (V) **108**

Tartines de bar au pistou de noix **109**

– Tartines de turbot ou de dorade
au pistou de noix (V) **110**

Sandwichs moelleux au saumon fumé **110**

Pan tomaquet au jambon de Bayonne **111**

Terrine de fromage aux deux figues **112**

Foie gras au sel et aux épices **114**

Timbales de truite fumée à l'avocat **116**

– Timbales de saumon fumé à l'avocat (V) **117**

Terrine de lisettes à l'estragon **117**

– Terrine de sardines ou d'anchois à l'aneth (V) **118**

Les soupes, les crèmes et les veloutés

Soupe de tomate aux fraises **121**

Velouté de concombre au lait de brebis **122**

– Velouté de concombre au lait de vache
ou au yaourt grec (V) **123**

Ceviche de cabillaud aux deux citrons **123**

Soupe de concombre au yaourt **125**

Crème glacée d'avocat aux œufs de saumon **126**

– Crème glacée d'avocat au saumon fumé (V) **127**

Soupe fraîche de melon vert **127**

Les hachés

Tartare de thon aux poires et au sésame **131**

– Tartare de thon blanc ou d'espadon aux poires
et aux noisettes (V) **132**

Tartare d'artichauts au parmesan **132**

– Tartare d'artichauts au comté
ou au chèvre (V) **133**

Tartare de tomates à la menthe **134**

– Tartare de tomates au basilic (V) **135**

Tartare de bœuf à la thaïe **135**

Tartare de poissons au gingembre **136**

Tartare d'asperges sauvages aux pignons
et aux abricots **138**

– Tartare de courgettes aux pignons
et aux raisins secs (V) **139**

Tartare de mozzarella aux câpres **139**

– Tartare de mozzarella aux olives noires (V) **140**

Tartare d'espadon au poulet fumé **140**

– Tartare de thon blanc au poulet (V) **141**

Tartare de dorade aux pommes vertes **142**

– Tartare de lotte ou de seiche
aux pommes vertes (V) **143**

Boulettes d'agneau au blé **143**

Tartare de saucisson **145**

Tartare de noix de Saint-Jacques
au jambon serrano **146**

– Tartare de noix de Saint-Jacques
au jambon de Bayonne (V) **147**

Tartare de poulet aux noix et aux raisins **147**

– Tartare de poulet aux noix et aux figues (V) **148**

Champignons farcis au tartare de jambon cru **148**

– Champignons farcis au tartare
de jambon fumé (V) **149**

Les émincés

Carpaccio de melon à la mozzarella **153**

Carpaccio de radis noir à la mimolette **154**

- Carpaccio de radis noir au fromage de brebis (V) **155**

Émincés de poires et d'avocats aux baies roses **155**

- Émincés de poires et d'avocats au parmesan (V) **156**

Carpaccio d'espadon aux tomates séchées **156**

- Carpaccio d'espadon aux câpres (V) **157**

Noix de Saint-Jacques au parmesan et au poivre noir **158**

- Noix de Saint-Jacques au parmesan et aux truffes (V) **159**

Feuilles d'artichauts au cantal et à l'huile de truffe **159**

- Feuilles d'artichauts à la mimolette et à l'huile d'olive (V) **160**

Rouleaux de bœuf au céleri et aux truffes **160**

- Rouleaux de viande des grisons ou de noix de veau au céleri et aux truffes (V) **161**

Grenadier au lait de coco **162**

- Cabillaud ou crevettes au lait de coco (V) **163**

Émincé de cèpes à la crème de noix **163**

- Émincé de champignons de Paris à la crème de noix (V) **164**

Carpaccio de foie gras au pain d'épice **164**

- Carpaccio de foie gras aux pommes vertes ou au pain d'épice et aux pommes vertes (V) **165**

Carpaccio de saumon façon gravlax **166**

– Carpaccio de maquereau façon gravlax (V) **167**

Carpaccio de rascasse à la japonaise **167**

– Carpaccio de bar ou de dorade
à la japonaise (V) **168**

Carpaccio de dorade aux agrumes **168**

Fenouil à la crème de citron confit **170**

– Fenouil à l'huile d'olive et au citron confit (V) **170**

Haddock aux raisins et au curry **171**

– Haddock au miel et au curry (V) **172**

Tagliatelles de légumes au chèvre pané **172**

Carpaccio de canard aux groseilles **174**

Feuilles de veau à la vanille **176**

Les desserts

Fraisananas au Grand Marnier **181**

Crémet de brebis au coulis de framboise **182**

– Fromage blanc au coulis de framboise (V) **183**

Mousse au chocolat au lait **184**

Salade d'oranges aux pistaches
et à l'huile d'olive **185**

Fraises melba au champagne **186**

– Champagne aux fraises (V) **187**

– Framboises melba au champagne (V) **187**

Tiramisù glacé aux griottes **187**

– Tiramisù glacé aux fraises
ou aux abricots (V) **189**

Pêches à la mousse de mascarpone **189**

– Pêches au caillé de brebis (V) **190**

Granité de mangues et citron vert
au champagne **190**

Sablés roses au pamplemousse **191**

Frozen yogurt à l'abricot **193**

– Caillé de brebis glacé ou crème glacée
à la mangue (V) **193**

Salade d'ananas croque et pique **194**

Charlotte légère chocafé **195**

Parfait glacé aux marrons et
à la fleur d'oranger **196**

Crème glacée miel-cannelle **198**

– Crème glacée à la cannelle ou miel-cannelle
à l'orange confite (V) **199**

Truffes de pruneaux aux noix **199**

– Truffes de dattes ou de figues aux pignons (V) **200**

Glace aux mirabelles et... aux mirabelles **200**

– Glace aux abricots et à l'alcool de noix (V) **201**

Salade de fraises à la menthe et au piment **201**

– Salade de fraises à la menthe ou à la menthe
et au poivre (V) **202**

Noisettes glacées croustillantes **202**

Taboulé aux fruits exotiques **204**

Marquises au chocolat et aux framboises **205**

– Marquises au chocolat et
au gingembre confit (V) **206**

Salade de mangues à l'indienne **206**

Index

Index par produits **209**

Index alphabétique des recettes **231**

POURQUOI LE CRU ?

L'idée m'est venue au terme d'un été passé dans ma maison de Valbonne. Mes désirs alimentaires vont par cycles, par obsessions, et il m'arrive de me nourrir de salades pendant deux semaines, puis enchaîner sur un mois de pot-au-feu.
Cette année-là, j'avais une insatiable envie de légumes. Je passais des heures au marché à glaner les plus croquants, les plus frais, les plus parfumés, harmonisant les couleurs, les textures, les parfums. Allaient-ils finir à la poêle, à la vapeur ou à la casserole ? C'était selon l'humeur. Mais tandis que j'épluchais, équeutais, écossais, je ne pouvais m'empêcher de croquer un haricot, de grignoter une carotte-fane ou de mordre le cœur d'un artichaut poivrade. Si bien qu'au bout de quelques jours, j'abandonnai mes paniers de bambou au profit de mon saladier et décidai d'apprêter mes légumes tout crus.
D'abord râpés en salade, puis émincés en carpaccio, hachés en tartare, mixés en velouté... rien ne résistait à mon désir de crudité, pas même les aubergines qu'un ami libanais m'avait appris à assaisonner telles quelles, après les avoir fait dégorger au gros sel.
Engagée dans ce désir régressif d'apprécier le produit brut, je découvrais qu'il y avait un vaste salut gourmand au-delà du carpaccio de bœuf ou du tartare de saumon. Il suffisait de jouer sur les températures (glacé, froid ou tiède), le mûrissement, les découpes, les marinades (sèches ou liquides) pour transformer complètement un aliment, créer chaque fois un plat nouveau.

« Cuisiner » ne m'avait jamais paru aussi ludique : je taillais un filet de poisson en fines lamelles et m'amusais à l'accommoder de quatre ou cinq façons différentes : huile de noisette-jus d'orange ; lait de coco-citron vert-coriandre ; huile d'olive-parmesan-baies roses... Tout sur la table et à chacun de goûter, de comparer, de déterminer quel assaisonnement était le plus approprié.

Il y eut des sourires, des révélations (les abricots au parmesan, ça, c'était un grand moment !) mais aussi des grimaces et des sarcasmes (les mirabelles à la crème d'avocat, croyez-moi, c'est coton). La gageure était de tout essayer, de ne rien s'interdire.

La cuisine crue doit rester instinctive, elle doit être perméable à vos envies, vos inspirations, mais aussi à l'évidence des saisons. Chacun peut s'y frotter, et même les plus inexpérimentés. Deux conditions sont toutefois à respecter si vous voulez être sûr du succès de vos plats : être exigeant sur la qualité, la provenance et la fraîcheur des aliments et posséder un large éventail de produits d'assaisonnement (huiles, vinaigres et moutardes diverses, sauces exotiques, épices, fruits secs, herbes fraîches) afin de pouvoir différencier les plats autrement que par le mode de cuisson.

Après, c'est du tout cuit. Les essais, les ratages, je les ai essuyés pour vous : une marinade trop longue, une découpe trop grosse et je voyais toute l'harmonie du plat s'écrouler. Je vous livre les versions éprouvées de mes expériences. Alors, essayez !

Osez la mâche au chocolat amer, les tartelettes de chèvre aux champignons, le carpaccio de foie gras au pain d'épice, les petits pois aux pommes et à la menthe, la salade d'oranges aux pistaches et à l'huile d'olive... et puis, fermez le livre, ouvrez votre réfrigérateur et faites ce que le cru vous en dit.

RECETTES

MENUS TOUT CRUS

Un dîner en solo
   Salade Cesar au vinaigre balsamique   66
   Râpée de courgettes au chorizo   98
   Frozen yogurt à l'abricot   193

Attention la ligne !
   Salade de crabe aux herbes   85
   Feuilles de veau à la vanille   176
   Granité de mangues et citron vert au champagne   190

Brunch
   Salade chilienne aux pommes vertes   97
   Pan tomaquet au jambon de Bayonne   111
   Terrine de lisettes à l'estragon   117
   Salade de fraises à la menthe et au piment   201

Budget serré
   Soupe de concombre au yaourt   125
   Champignons farcis au tartare de jambon cru   148
   Crème glacée miel-cannelle   198

Buffet facile
   Makis express au pain   46
   Bouchées de dinde au jambon de Bayonne   56
   Saumon mariné aux lanières de concombre   63
   Terrine de fromage aux deux figues   112
   Fraiseananas au Grand Marnier   181
   Sablés roses au pamplemousse   191

Repas d'amoureux
   Purée d'avocat à la crème de sésame   30
   Boulettes d'agneau au blé   143

Noix de Saint-Jacques au parmesan et au poivre noir 158
Fraises melba au champagne 186

Au bureau

Mâche au chocolat amer 88
Sandwichs moelleux au saumon fumé 110
Truffes de pruneaux aux noix 199

Pour belle-maman

Bouchons d'asperges en robe de graines 44
Allumettes de céleri et de comté aux noix 96
Tartare de dorade aux pommes vertes 142
Pêches à la mousse de mascarpone 189

Table de fête

Tarama maison 39
Foie gras au sel et aux épices 114
Rouleaux de bœuf au céleri et aux truffes 160
Parfait glacé aux marrons et à la fleur d'oranger 196

Bord de mer

Bouchées de sardines au sel 57
Salade de radis noir aux herbes et aux amandes 99
Ceviche de cabillaud aux deux citrons 123
Charlotte légère chocafé 195

Pique-nique

Boulettes de chèvre au raisin 59
Chou chinois façon coleslaw 68
Pan-bagnats à ma façon 104
Truffes de pruneaux aux noix 199

Dîner express

Abricots au parmesan 43
Soupe fraîche de melon vert 127
Tartare de bœuf à la thaïe 135
Salade de fraises à la menthe et au piment 201

LES sauces ET LES dips

Sauce moutarde-orange 25

Vinaigrette de betterave 26

Vinaigrette douce aux échalotes 27

Sauce vierge aux légumes de Provence 28

Raita de banane 29

Purée d'avocat à la crème de sésame 30

Guacamole 31

Cottage cheese aux noisettes 33

Purée de pommes vertes aux épices 34

Faisselle au blé concassé 35

Purée d'ail à la libanaise 36

Purée de noix au carvi 37

Pâte de tomates séchées 38

Tarama maison 39

Sauce moutarde-orange

Une sauce acidulée qui relève parfaitement les carpaccios de viande blanche ou les gibiers rôtis. Amusez-vous à faire deviner à vos invités « ce qu'il y a dedans ». En général, le résultat est assez fantaisiste.

Préparation 10 min
Conservation
- 3 à 4 jours au réfrigérateur, couvert d'un film alimentaire.

Pour 6 personnes
- 1 orange
- 1 échalote
- 1 cuil. à soupe de gelée de groseille
- 2 cuil. à soupe de moutarde douce
- 2 cuil. à soupe de yaourt grec
- 1 cuil. à soupe de porto
- Sel et poivre du moulin

1. Épluchez et hachez l'échalote. Râpez le zeste d'1/2 orange et pressez le jus des 2 moitiés. Ajoutez l'échalote hachée, le porto, la gelée de groseille et la moutarde douce, salez, poivrez et mixez le tout pour obtenir une préparation homogène.

2. Ajoutez le yaourt, rectifiez l'assaisonnement et réservez au frais.

 Veillez à ne pas râper le blanc situé sous le zeste de l'orange car il est très amer.

 Ajoutez 1 branche d'**estragon** hachée.

Vinaigrette de betterave

La betterave est souvent considérée comme le légume du pauvre, c'est bien dommage car si l'on prend soin de l'acheter cuite au four (ou de la cuire soi-même), elle garde sa tenue et dévoile une saveur délicate et boisée. Ici, elle parfume et adoucit idéalement une vinaigrette à la moutarde. N'hésitez pas à en verser un peu sur un carpaccio de viande blanche ou sur de fines lamelles de fenouil.

Préparation 10 min
Conservation
- 48 h au réfrigérateur.

Pour 6 à 8 personnes
- 1 betterave rouge cuite
- 25 cl d'huile de pépins de raisin
- 1 cuil. à soupe de vinaigre de vin rouge
- 2 cuil. à soupe de jus d'orange
- 1 cuil. à soupe de moutarde forte
- Sel et poivre du moulin

1. Pelez la betterave et coupez-la en morceaux. Mixez-la avec le vinaigre et la moutarde, puis le jus d'orange.
2. Ajoutez l'huile de pépins de raisin progressivement jusqu'à ce que la préparation soit presque lisse.
3. Salez et poivrez généreusement.

 Servez avec une salade de mâche ou d'endives aux noix.

 – Vous pouvez mélanger huile d'olive et **huile de pépins de raisin.**
– Vous pouvez également employer de l'huile d'arachide ou de tournesol.

Vinaigrette douce aux échalotes

Cette sauce fait partie des recettes dont l'équilibre tient à une goutte. Une « formule » à retenir qui remplacera sans mal votre vinaigrette de base. Quelques cuillerées de cette potion et vous ferez de votre salade verte une entrée à part entière. Le plus difficile est de revenir ensuite à l'huile d'olive citron...

Préparation 5 min

Conservation
- 2 jours au frais, couvert d'un film alimentaire.

Pour 4 personnes
- 1 échalote
- 4 cuil. à soupe d'huile d'olive
- 2 cuil. à soupe d'huile de noix
- 1 cuil. à soupe de vinaigre de xérès
- 1 cuil. à café de vinaigre balsamique
- 1 cuil. à café de Worcestershire sauce
- 1 pincée de sucre
- Sel et poivre du moulin

1. Pelez et hachez finement l'échalote. Mélangez les vinaigres, la Worcestershire sauce, le sucre, du sel et du poivre. Ajoutez l'échalote hachée, puis les huiles en fouettant vivement.
2. Rectifiez l'assaisonnement et servez de suite ou laissez reposer.

 Cette vinaigrette est parfaite avec les salades croquantes : scarole, frisée, romaine, endives...

Vinaigrette douce à l'oignon rouge. Remplacez l'échalote par 1/2 oignon rouge.

Vinaigrette douce à l'ail. Remplacez l'échalote par 1 gousse d'ail.

Sauce vierge aux légumes de Provence

C'est la plus jolie des sauces. Les petits dés verts, jaunes, rouges et orange s'épanouissent dans la transparence de l'huile. On en mangerait ! Parfaite pour arroser – généreusement – un carpaccio de dorade ou de volaille. Pour les plus « cuits » d'entre vous, cette sauce reste l'accompagnement idéal d'un poisson grillé nature.

Préparation 10 min
Repos 3 h
Conservation
- 2 jours au frais.

Pour 4 personnes
- 1/4 de poivron rouge ou orange
- 1/4 de poivron jaune
- 1 tomate pas trop mûre
- 1 citron (jus)
- 1/2 bouquet de basilic
- 2 cuil. à soupe de câpres au vinaigre
- 25 cl d'huile d'olive
- Sel et poivre du moulin

1. Lavez et séchez les légumes. Retirez les graines et les cloisons blanches des poivrons. Coupez la tomate en deux et creusez-la pour vider la pulpe. Coupez les poivrons et la tomate en tout petits dés.

2. Placez les dés de légumes dans un grand bol, ajoutez les câpres lavées et égouttées et le basilic haché. Versez l'huile d'olive et le jus de citron. Salez, poivrez et

mélangez bien. Laissez les parfums se mélanger 3 h au moins à température ambiante.

 **UN CONSEIL** Évitez les huiles trop amères au profit d'huiles douces et légères.

Raita de banane

Le raita est une sauce indienne à base de yaourt, habituellement servie en accompagnement des currys pour compenser leur force. Ici, c'est un dip, dans lequel on plongera allègrement des lamelles de céleri, de poivron ou de carotte. C'est aussi la première sauce réversible : une bonne cuillerée de sucre ou de miel et vous obtenez un dessert délicat.

Préparation 10 min
Conservation
- 24 h au frais.

Pour 6 personnes
- 1 banane
- 300 g de yaourt grec
- 3 cuil. à soupe de noix de coco râpée
- 1/2 cuil. à café de graines de cumin
- Sel et poivre du moulin

1. Pelez et écrasez la banane. Mélangez la purée de banane avec le yaourt, la noix de coco râpée, les graines de cumin, un petit peu de sel et du poivre.
2. Servez à température ambiante.

 UN CONSEIL Gardez quelques morceaux de banane entiers pour donner un peu de texture.

UNE VARIANTE Vous pouvez remplacer le cumin par des graines de **coriandre** concassées ou ajouter 1 oignon nouveau haché.

Purée d'avocat à la crème de sésame

Si nous sommes désormais familiarisés avec les graines de sésame, la crème de sésame n'est pas encore entrée dans nos cuisines. C'est l'un des ingrédients récurrents du mézé libanais. On y trempe des brochettes, des boulettes, on le mélange à du yaourt et, surtout, on l'ajoute au caviar d'aubergine pour préparer le fameux « baba gannouj ». Ici, il est associé à l'avocat pour une crème douce et parfumée dans laquelle on plongera des croûtons de baguette ou des bâtons de légumes tout crus.

Préparation 5 min

Conservation
- 48 h au frais, couvert d'un film alimentaire.

Pour 4 personnes
- 2 avocats bien mûrs
- 1 citron (jus)
- 1 petite gousse d'ail
- 4 cuil. à soupe rases de crème de sésame (*tahini* en libanais)
- 1 pointe de Tabasco ou de piment d'Espelette
- Sel

Décor
- Quelques feuilles de coriandre

1. Coupez les avocats en deux, retirez le noyau et prélevez la pulpe délicatement de façon à ne pas déchirer la peau des fruits. Écrasez la chair à la fourchette et arrosez du jus de citron. Ajoutez la crème de sésame, l'ail très fine-

ment haché (ou mieux, pressé), le piment ou Tabasco, salez bien et mélangez intimement.

2. Servez cette purée dans les peaux des avocats, plutôt fraîche et parsemée de coriandre hachée. Accompagnez de pita (pain rond sans levure du Moyen-Orient) ou de tiges de céleri.

 Versez le jus de citron sur l'avocat immédiatement après l'avoir écrasé pour éviter qu'il noircisse.

 Le pita se trouve facilement sur les marchés à l'étal des produits orientaux mais également dans les supermarchés au rayon frais ou avec les pains « longue conservation ».

Guacamole

Un guacamole perso, où coriandre et noix de cajou viennent débrider la recette traditionnelle. Personnellement, j'évite de trop le citronner pour préserver le goût de l'avocat, mais c'est à vous de doser.

Préparation 10 min

Conservation
- Pour conserver ce guacamole, ajoutez un filet de citron et couvrez le plat d'un film alimentaire. Vous pourrez le garder 3 jours au frais.

Pour 6 personnes
- 3 avocats bien mûrs
- 2 oignons nouveaux
- 1 tomate
- 1 cuil. à soupe de jus de citron vert
- 1/2 bouquet de coriandre
- 1 cuil. à café de graines de coriandre
- 1 ou 2 giclées de Tabasco
- 1 cuil. à soupe de noix de cajou pilées
- Sel et poivre du moulin

1. Lavez et hachez très finement les oignons avec une bonne partie de leur tige.
2. Lavez, séchez et ciselez la coriandre. Lavez et coupez la tomate en quartiers. Retirez les pépins et le pédoncule. Coupez-la en tout petits dés. Concassez les graines de coriandre.
3. Retirez la pulpe des avocats et écrasez-la grossièrement (ne craignez pas les petits morceaux qui donnent un peu de texture).
4. Ajoutez à la purée d'avocats le jus de citron, l'oignon haché, les dés de tomate, le Tabasco, la totalité des graines de coriandre concassées et la moitié de la coriandre ciselée. Salez, poivrez et mélangez délicatement. Décorez avec la coriandre ciselée restante et saupoudrez de noix de cajou pilées. Servez avec des galettes de maïs.

 Utilisez le robot pour hacher les oignons sans peine.

 Vous pouvez remplacer l'oignon par 1 gousse d'**ail**, la coriandre fraîche par du **basilic** et les graines de coriandre par des graines de **cumin**.

Cottage cheese aux noisettes

La preuve que les Anglais sont capables de nous offrir des produits qui méritent qu'on y plonge notre cuillère. Ce fromage de vache fièrement granuleux s'accommode de toutes les humeurs. Salé, sucré, aux herbes ou... aux noisettes. J'aime bien poser un bol de cette sauce rustique sur la table et voir mes amis y tremper des bâtons de légumes ou de pommes, d'abord timidement, puis goulûment.

Préparation 10 min
Conservation
- 2 à 3 jours au frais couvert d'un film alimentaire.

Pour 6 personnes
- 400 g de cottage cheese
- 50 g de noisettes décortiquées
- 1 oignon nouveau
- 1 gousse d'ail
- 1/2 botte de persil plat
- 2 cuil. à soupe de vinaigre de vin blanc
- Sel et poivre du moulin

1. Lavez, séchez et hachez l'oignon. Pelez et écrasez la gousse d'ail. Lavez et ciselez le persil.

2. Mixez le cottage cheese rapidement avec tous les ingrédients et la moitié du persil ciselé. Décorez avec le persil restant.

 Si vous aimez le côté granuleux du cottage cheese, concassez les noisettes et préparez ce mélange à la fourchette.

 **Cottage cheese aux noix.** Remplacez les noisettes par des noix.

Fromage blanc égoutté aux noisettes ou aux noix. Remplacez le cottage cheese par du fromage de campagne bien égoutté et les noisettes par des noix.

Purée de pommes vertes aux épices

Sorte de chutney cru, cette purée peut être servie à l'apéro, posée sur des rondelles de pommes, ou avec un curry bien relevé.

Préparation 10 min

Conservation
- 24 h au frais, couvert d'un film alimentaire.

Pour 6 à 8 personnes
- 4 pommes granny
- 1/2 citron (jus)
- 1 brin de cerfeuil
- 4 capsules de cardamome
- 1 cuil. à soupe d'huile de tournesol
- 1 cuil. à café de gingembre frais râpé
- 1 cuil. à café de menthe séchée
- Sel et poivre du moulin

Et aussi
- Quelques feuilles de chou vert pommé

1. Pelez et coupez les pommes en quartiers. Retirez le cœur. Mixez la pulpe pour obtenir une purée fine. Ajoutez le jus de citron, la cardamome pilée et passée à travers un tamis, le gingembre, la menthe et l'huile.

2. Mélangez bien. Salez, poivrez et décorez de pluches de cerfeuil.

3. Servez avec des feuilles de chou pommé en guise de cuillère.

 Veillez à verser le jus de citron sur les pommes immédiatement après les avoir mixées pour éviter qu'elles noircissent.

VARIANTES Remplacez la cardamome par des graines de cumin et le cerfeuil par de la ciboulette.

Faisselle au blé concassé

Ni riz, ni couscous, le boulghour commence à peine à percer la carapace de notre gastronomie. Ce blé étuvé, séché et concassé présente plusieurs avantages. Aliment complet, non raffiné, il est riche en fibres, et cuit rapidement et très facilement (contrairement à la graine de couscous). Autre qualité : il peut être utilisé cru, après avoir été trempé dans plusieurs eaux. Veillez à choisir du boulghour fin. Trop épais, il se mêlerait moins facilement au fromage et il faudrait pour cela le réhydrater bien plus longtemps.

Préparation 10 min
Marinade 30 min
Conservation
- 2 à 3 h au frais, pas davantage sinon le blé serait trop mou.

Pour 4 personnes
- 200 g de fromage blanc bien égoutté
- 50 g de boulghour fin
- 1 cuil. à café de graines de cumin
- 2 oignons nouveaux
- 1 brin de coriandre
- 50 g de noix décortiquées
- 1/2 cuil. à café de piment d'Espelette en poudre
- Sel

Décor
- Quelques feuilles de chou vert pommé

1. Trempez le boulghour dans de l'eau froide pendant 5 min. Égouttez à fond en serrant bien fort dans un torchon et recommencez l'opération. Égouttez à nouveau.
2. Pendant ce temps, hachez les oignons avec un peu de leur tige. Lavez, essuyez et ciselez la coriandre. Concassez les noix.
3. Mélangez le fromage, le boulghour, les noix, les oignons, la coriandre, le piment et les graines de cumin. Salez et laissez reposer 30 min au frais.
4. Servez sur des feuilles de chou pommé ou farcissez des rougettes ou des sucrines avec cette préparation.

 Arrosez d'huile d'olive avant de servir.

 Remplacez le fromage blanc par de la brousse de brebis ou de la ricotta.

Purée d'ail à la libanaise

On pourrait se laisser effrayer par l'utilisation de l'ail cru, pourtant, cette purée est d'une étonnante douceur. À consommer sans modération avec les poissons et les viandes grillés. Personnellement, je ne sers jamais une purée de pommes de terre sans y avoir ajouté une bonne cuillerée de cette sauce.

Préparation 10 min
Conservation
- 3 jours au frais, couvert d'un film alimentaire.

Pour 6 personnes
- 12 gousses d'ail
- 1 cuil. à soupe de jus de citron
- 20 cl d'huile d'olive
- 4 tranches de pain de mie
- Sel

1. Retirez la croûte du pain et couvrez-le d'eau froide pendant 2 min. Essorez-le en pressant fort entre vos doigts. Pelez l'ail.
2. Mixez ensemble l'ail et le jus de citron. Ajoutez progressivement l'huile d'olive, le pain et le sel sans cesser de mixer. Servez à température ambiante.

 **UN CONSEIL** Si vous craignez la phase de digestion, faites cuire les gousses d'ail 3 min à l'eau bouillante avant de les hacher.

Purée de noix au carvi

Une recette d'origine syrienne que l'on retrouve dans le kaléidoscope d'entrées que propose le mézè oriental. Moi, j'adore en tartiner des lamelles de pommes vertes, ou la substituer au beurre d'un sandwich au jambon.

Préparation 5 min
Conservation
- 48 h au frais, couvert d'un film alimentaire.

Pour 6 personnes
- 250 g de noix décortiquées
- 2 tranches de pain de mie
- 3 cuil. à soupe de jus de citron
- 2 cuil. à soupe d'huile d'olive
- 1 cuil. à soupe de miel
- 1 cuil. à soupe de sucre roux
- 1 cuil. à café de piment d'Espelette (ou 1/2 de Cayenne)
- 1 cuil. à café de graines de carvi
- 1 cuil. à café de sel

1. Retirez la croûte du pain, déchirez la mie et arrosez-la avec le jus de citron.
2. Placez tous les ingrédients dans le mixeur et mixez jusqu'à l'obtention d'une pâte encore un peu granuleuse.

 Après les avoir achetées, gardez vos noix au réfrigérateur pour éviter qu'elles rancissent.

Pâte de tomates séchées

Pour faire souffler un grand coup de mistral sur la table basse, entre la bouteille de rosé et le ramequin d'olives noires. N'achetez pas n'importe quelles tomates. Elles doivent être conservées à l'huile d'olive, pas trop sèches, et provenir des régions méditerranéennes.

Préparation 5 min
Conservation
- Cette pâte peut se garder plusieurs semaines après avoir versé un filet d'huile d'olive à la surface.

Pour 20 petites tartines
- 1 bol de tomates séchées à l'huile d'olive
- 20 olives noires
- 1 gros bouquet de basilic
- 1 petite gousse d'ail
- 20 cl d'huile d'olive
- Sel et poivre du moulin

1. Égouttez les tomates séchées. Lavez et séchez le basilic. Épluchez la gousse d'ail. Mixez les tomates avec l'huile d'olive, l'ail, le basilic et un peu de sel.
2. Découpez des copeaux d'olives en les taillant autour du noyau avec un couteau à lame fine. Mélangez les copeaux d'olives à la pâte.

3. Étalez un peu de pâte de tomates sur des tranches fines de pain un peu rassis, de la focaccia (pain à l'huile d'olive) ou des crackers et donnez un tour de moulin à poivre.

 Goûtez vos tomates avant de les utiliser pour vous assurer qu'elles ne sont ni rances, ni acides.

 Remplacez le basilic par l'herbe de votre choix (menthe, persil, romarin, thym...).

Tarama maison

Je pensais ne pas aimer le tarama. Trop acide, trop fumé, granuleux... Ceux que je trouvais au rayon frais des grandes surfaces ne m'emballaient pas franchement, jusqu'à ma rencontre avec les œufs de cabillaud fumés. Ayant hérité des provisions d'un copain parti en vacances, je vis atterrir cette curieuse poche dans mon réfrigérateur. Ne sachant qu'en faire hormis du tarama, je me mis en quête d'une recette. J'en trouvai deux : une à base d'huile d'olive, l'autre avec de la crème. J'ai choisi de les mélanger... pour découvrir que j'adorais le tarama... maison !

Préparation 10 min

Conservation
- 3 ou 4 jours au frais, couvert d'un film alimentaire.

Pour 4 personnes
- 200 g d'œufs de cabillaud fumés
- 1/2 citron (jus)
- 1 cuil. à soupe d'huile d'olive
- 1 cuil. 1/2 à soupe d'huile neutre
- 1 grosse cuil. à soupe de crème fraîche épaisse
- Sel et poivre blanc du moulin

1. Retirez la peau de la poche d'œufs. Écrasez-les à la fourchette, ajoutez les huiles et la crème fraîche. Salez, poivrez et incorporez le jus de citron en mélangeant. Réservez au frais.
2. Sortez du réfrigérateur 10 min avant de servir.

 Utilisez une huile d'olive douce ou fruitée, surtout pas amère.

 Vous pouvez réaliser ce tarama en n'utilisant que de la crème fraîche. Dans ce cas, soyez exigeant sur sa qualité.

Les amuse-bouches et les apéritifs

Abricots au parmesan 43

Bouchons d'asperges en robe de graines 44

Crackers mis au vert 45

Makis express au pain 46

Feuilles de fenouil à l'anchoïade 48

Concombre à la marmelade de noix 50

Cigarettes de gruyère à l'huile de truffe 51

Triangles de brebis à la pâte de coing 52

Rouleaux de saumon à la rémoulade de chou 53

Tomates olives au caviar provençal 54

Bouchées de dinde au jambon de Bayonne 56

Bouchées de sardines au sel 57

Boulettes de chèvre au raisin 59

Croqu'huîtres au foie gras 60

Abricots au parmesan

Imaginez : fin de vacances sur la Côte d'Azur, des amis viennent boire l'apéritif et le réfrigérateur a oublié de s'approvisionner en olives, anchois, tomates cerises ou caviar d'aubergine. Seuls restent les produits inutilisés pour le pistou de la veille (ail, basilic et parmesan) et quelques abricots en voie de compotage dans la corbeille de fruits. On découpe, on pique, on ajoute quelques baies roses pour amuser les papilles et voilà… un des plus jolis amuse-bouches de ma collection.

Préparation 5 min
Conservation

- Mélangez le tout pour en faire une salade, arrosez d'un trait d'huile d'olive, salez légèrement et ajoutez des amandes fraîches.

Pour 4 personnes

- 3 abricots plutôt mûrs
- 50 g de parmesan en un morceau
- 1 cuil. à soupe de baies roses
- 1 bouquet de basilic
- Poivre du moulin

Et aussi

- Des pics en bois ou des cure-dents

1. Lavez et séchez les abricots. Coupez le parmesan en petits morceaux, ou brisez-le en éclats. Lavez et séchez 24 feuilles de basilic. Recoupez-les en triangles si elles sont grandes.

2. Coupez les abricots en deux, dénoyautez-les, puis coupez chaque moitié en quatre.

3. Déposez 1 feuille de basilic sur chaque morceau d'abricot côté chair, puis un petit morceau de parmesan. Piquez le tout avec un cure-dent et disposez dans une grande assiette.

4. Parsemez de baies roses après les avoir légèrement écrasées entre vos doigts et donnez un tour de moulin à poivre.

Essayez de trouver du basilic à petites feuilles. Il est plus parfumé et vous n'aurez pas à le recouper.

 **Abricots au fromage de brebis.** Remplacez le parmesan par du **fromage de brebis** bien sec.

Bouchons d'asperges en robe de graines

Ces petits morceaux d'asperges panés aux graines font un apéritif original et esthétique. Tournesol ou sésame, mais aussi noix de cajou, pistaches, amandes... tout est bon du moment que ça croque. Si vos graines de tournesol sont encore dans leur enveloppe, non décortiquées, mixez-les brièvement et placez le tout dans un verre d'eau. Les écales vont remonter à la surface, tandis que les « fruits » resteront au fond. On peut être gourmande et vouloir rester manucurée !

Préparation 10 min
Conservation
- 2 ou 3 h au frais.

Pour 6 personnes
- 1 botte d'asperges vertes assez fines
- 2 cuil. à soupe de graines de sésame
- 2 cuil. à soupe de graines de tournesol décortiquées
- 1 cuil. à soupe d'huile de sésame
- 4 cuil. à soupe d'huile de noix ou de noisette
- Sel et poivre du moulin

Et aussi
- Des pics en bois ou des cure-dents

1. Lavez et essuyez les asperges. Retirez la base des tiges. Coupez-les en tronçons de 3 à 4 cm, pointes comprises.
2. Versez les huiles dans un petit ramequin, salez, poivrez. Mélangez les graines dans un autre ramequin.
3. Piquez les bouchons d'asperges sur les cure-dents et plongez-les successivement dans l'huile et dans les graines. Disposez-les sur une assiette plate.

 Pelez les asperges à l'économe si elles sont un peu épaisses.

 Ajoutez 1 cuil. à café de graines de **coriandre** concassées. Remplacez les graines de tournesol par des **pistaches** décortiquées et concassées.

Crackers mis au vert

Une drôle d'association : des crackers, de la ricotta, des herbes et de la salade. Je ne vous cacherai pas que c'est une de mes recettes « dernière minute », bricolée avec les fonds de placard 10 min avant l'arrivée des invités. Je dirais pompeusement que le rapport de texture est franchement intéressant...

Préparation 15 min

Conservation
- 1 h au frais tel quel.
- 1 semaine pour le beurre d'herbes.

Pour 6 personnes
- 30 crackers feuilletés environ (Tuc ou autre, 100 g environ)
- 150 g de ricotta
- 1/2 bouquet de ciboulette
- 1/2 bouquet de persil plat
- 1/2 bouquet de coriandre
- 1 poignée de feuilles de roquette
- Sel et poivre du moulin

1. Lavez, séchez et ciselez finement les herbes. Mélangez-les à la ricotta. Salez légèrement et poivrez généreusement. Lavez et essorez la roquette. Coupez le bout des tiges.
2. Tartinez la moitié des crackers de ricotta aux herbes, ajoutez 2 feuilles de roquette de manière à ce qu'elles dépassent légèrement, recouvrez d'un autre cracker et disposez-les sur un plat.

 Ajoutez dans la ricotta 1/2 échalote hachée finement ou des dés de tomate.

 Vous pouvez remplacer la ricotta par 100 g de beurre doux.

Makis express au pain

Les makis (rouleaux de sushis aux algues) sont ici de fines tartines de pain de mie, roulées et découpées en petits bouchons. C'est joli, facile à réaliser et vous pouvez y mettre tout ce que vous avez sous la main : jambon, olives, tomates séchées, avocat, crabe...

Préparation 15 min
Conservation
- 3 à 4 h au frais, couvert d'un film alimentaire.

Pour 4 personnes
- 9 tranches fines de pain de mie
- Sel et poivre du moulin

Cresson-cheddar
- 3 poignées de cresson
- 60 g de cheddar
- 3 bonnes cuil. à soupe de mayonnaise
- 1 cuil. à soupe de câpres au vinaigre
- Huile d'olive

Olives-ricotta
- 1 petite tomate
- 1 cuil. à soupe de jus d'orange
- 6 olives noires
- 2 cuil. à soupe de ricotta

Fourme-noix
- 40 g de fourme d'Ambert
- 1 cuil. à soupe bombée de crème fraîche
- 1 cuil. à café de jus de citron
- 8 cerneaux de noix
- 1/2 pomme

1. *Cresson-cheddar* : Lavez et essorez le cresson. Retirez les tiges épaisses. Badigeonnez 3 tranches de pain de mayonnaise. Râpez le cheddar et répartissez-le sur la mayonnaise. Puis, déposez des petits bouquets de cresson, les câpres, arrosez de quelques gouttes d'huile d'olive, salez un peu et poivrez. Roulez les tranches de pain bien serré. Découpez en 3 ou 4 tronçons et présentez côté coupé vers le haut.

2. *Olives-ricotta* : Lavez et coupez la tomate en deux, égrainez-la et coupez chaque moitié en fines rondelles. Dénoyautez les olives et coupez-les en morceaux. Mélangez la ricotta et le jus d'orange, salez et poivrez. Tartinez 3 tranches de pain de ce mélange, puis répartissez les morceaux d'olives et les lamelles de tomate en rangée près du bord. Roulez serré et coupez comme les cresson-cheddar.

3. *Fourme-noix* : Écrasez la fourme et mélangez avec la crème fraîche et le citron. Poivrez. Étalez cette crème

sur le pain restant. Pelez et coupez la pomme en tranches fines puis en allumettes de 1 cm de large. Posez ces allumettes sur le pain et parsemez de cerneaux de noix concassés. Roulez et découpez comme précédemment.

 Remplacez le cheddar par de la **fourme d'Ambert**, le cresson par de la **roquette** et les olives par des **câpres** ou des **anchois**.

Feuilles de fenouil à l'anchoïade

Une idée piquée à Patrice Hardy, le chef du restaurant de Jean-Luc Delarue et Hubert Bokobsa, le Korova à Paris. Il associe du fenouil émincé à une crème d'anchois au citron, qu'il sert avec des petits rougets poêlés. À se damner ! Après avoir commandé ce plat une bonne dizaine de fois, j'ai décidé de l'interpréter à ma façon, façon amuse-bouche, en y ajoutant une pointe d'ail et quelques olives. Quand je suis pressée, il me suffit de « détendre » une anchoïade toute prête avec un filet de citron et l'affaire est faite. Parfois, je me dis que je ne devrais pas dévoiler mes trucs-débrouille pour continuer à épater les copains...

Préparation 15 min
Conservation
- S'il vous en reste, hachez le fenouil et faites-en un tartare.

Pour 4 personnes
- 3 bulbes de fenouil
- 1 citron 1/2 (jus)
- 5 anchois au sel
- 20 olives vertes en saumure
- 3 cuil. à soupe d'huile d'olive
- 1 gousse d'ail
- Sel et poivre mignonnette
- lait

1. Rincez les anchois, levez les filets et faites-les dessaler 10 min au moins dans le lait. Lavez et séchez les bulbes de fenouil, coupez-les en deux et retirez les tiges. Creusez le cœur en cône et détachez les feuilles les unes après les autres. Coupez les plus grandes en deux.
2. Mixez ensemble les filets d'anchois égouttés, la moitié des olives égouttées et dénoyautées et l'ail pelé. Ajoutez le jus de citron, l'huile d'olive, un peu de sel et mélangez à la fourchette. Répartissez ce mélange dans le creux des feuilles. Saupoudrez de poivre mignonnette et décorez avec des éclats d'olives.

 Évitez les anchois à l'huile, plus fades que les anchois au sel.

 Pour les palais sensibles, vous pouvez réaliser cette recette sans mettre d'ail et en ajoutant quelques herbes séchées.

Concombre à la marmelade de noix

Un mariage amusant que celui de la pâte de noix aigre-douce avec le concombre croquant et acide. Pour une recette plus authentique, remplacez le jus de citron et le sucre roux par de la mélasse de grenade. Vous la trouverez dans toutes les épiceries orientales.

Préparation 10 min
Conservation
- 48 h, couvert d'un film alimentaire.

Pour 4 personnes
- 1 concombre
- 2 cuil. à soupe de jus de citron
- 70 g de noix décortiquées
- 4 tranches de pain de mie
- 1 cuil. à soupe de yaourt
- 1 bonne pincée de cannelle en poudre
- 1 cuil. à soupe de sucre roux en poudre
- Sel

1. Lavez et pelez le concombre en retirant une bande de peau sur deux à l'aide d'un couteau-économe. Coupez-le en rondelles d'1 cm d'épaisseur.
2. Retirez la croûte du pain de mie. Trempez la mie dans un peu d'eau, puis pressez-la bien pour l'égoutter.
3. Mixez ensemble la mie, le yaourt, les noix, le jus de citron, le sucre roux, la cannelle et un peu de sel.
4. Nappez les rondelles de concombre de cette pâte.

Pour plus de finesse, utilisez des petits concombres, exempts de graines.

Servez cette crème en dip et plongez-y des bâtonnets de légumes crus.

Cigarettes de gruyère à l'huile de truffe

Une recette toute bête inventée par un ami expatrié aux Bahamas. Le seul fromage qui soit vendu dans son île est une sorte de gruyère fadouille, prétranché et mis sous vide. Un peu triste pour un Français « fromageophile » ! Après réflexion, il a trouvé l'astuce de l'arroser de quelques gouttes d'huile de truffe pour le parfumer délicatement. Mais pas de surenchère. Rien ne sert d'utiliser un fromage au goût plus prononcé, les saveurs se contrarieraient.

Préparation 10 min

Conservation

- Une fois le fromage arrosé d'huile de truffe, mieux vaut le servir immédiatement, sinon, couvrez-le d'un film alimentaire et réservez-le au frais pendant quelques heures.

Pour 6 personnes

- 300 g de gruyère en un morceau
- Quelques gouttes d'huile de truffe (blanche ou noire)
- Huile d'olive
- Poivre vert en grains

1. Découpez le fromage en feuilles à l'aide d'une raclette à fromage. Badigeonnez légèrement 2 ou 3 assiettes bien plates d'huile d'olive.

2. Étalez les tranches de fromage en les faisant se chevaucher légèrement, arrosez de quelques gouttes d'huile de truffe et donnez de généreux tours de moulin à poivre vert.

3. Servez tel quel, chacun roulera sa « cigarette » pendant l'apéritif.

UN CONSEIL Achetez votre huile dans une épicerie (italienne pour la truffe blanche), pour être sûr qu'elle soit bien parfumée.

VARIANTES *Cigarettes de comté ou d'emmenthal à l'huile de truffe.* Remplacez le gruyère par de l'emmenthal ou du comté jeune.

Triangles de brebis à la pâte de coing

Pour cette recette, je vous conseille un fromage plutôt frais à la pâte encore souple pour que vos triangles s'enroulent sans mal autour des morceaux de pâte de coing. Cette tradition qui allie le piquant du fromage de brebis à la douceur de la pâte de fruit nous vient d'Espagne où l'on sert le fromage à l'apéritif ou au goûter mais très rarement en fin de repas.

Préparation 10 min

Conservation
- 3 jours au frais dans une boîte hermétiquement fermée.

Pour 6 à 8 personnes
- 250 g de fromage de brebis des Pyrénées (type Ossau-Iraty)
- 250 g de pâte de coing
- Quelques brins de cerfeuil

Et aussi
- Des pics en bois ou des cure-dents

1. Retirez la croûte du fromage et coupez-le en triangles très fins en l'entaillant par le côté à l'aide d'un économe.
2. Coupez la pâte de coing en petits dés et entourez-les d'un triangle de fromage, déposez dessus un brin de cerfeuil et piquez le tout avec un cure-dent.

3. Placez-les sur une assiette plate et servez à température ambiante.

 Sortez le fromage du réfrigérateur à l'avance pour qu'il soit bien souple.

 ***Triangles de comté à la pâte de coing.*** Remplacez le fromage de brebis par du comté.

Rouleaux de saumon à la rémoulade de chou

Un amuse-bouche qui peut devenir une entrée si vous le servez avec une belle salade. Si vous préférez la rémoulade de céleri, remplacez le saumon fumé par du saumon cru.

Préparation 20 min

Conservation
- 2 h au frais, pas beaucoup plus longtemps.

Pour 4 personnes
- 16 petites tranches de saumon fumé (300 g environ)
- 1 belle laitue
- 250 g de chou blanc pommé
- 1/2 boule de céleri-rave
- 1/2 bouquet de ciboulette
- 1 cuil. à soupe de jus de citron
- 2 cuil. à soupe de mayonnaise
- 1 cuil. à café de moutarde forte
- Poivre du moulin

1. Lavez et râpez ou émincez très finement le chou. Mélangez la moutarde avec la mayonnaise et le jus de citron. Versez sur la râpée de chou, ajoutez 1 cuil. à soupe de ciboulette ciselée et mélangez.
2. Détachez les feuilles de laitue du trognon et coupez les plus grandes en deux. Lavez et essorez-les.
3. Déposez 1 feuille de laitue sur le plan de travail, couvrez-la d'une tranche de saumon fumé à la dimension de la feuille de laitue, répartissez un peu de chou au centre, poivrez, roulez bien serré et liez avec 1 brin de ciboulette.
4. Disposez 4 rouleaux dans chaque assiette et répartissez un peu de céleri-rave râpé au centre des assiettes.

 Achetez du chou déjà râpé en sachet pour gagner du temps.

 Remplacez la sauce rémoulade (mayo-moutarde) par une vinaigrette au citron.

Tomates olives au caviar provençal

Ni œufs d'esturgeon, ni aubergines. Ce caviar est une sorte de tapenade rustique mêlant brisures d'olives noires, herbes de Provence et câpres. À servir dans des tomates olives, un poil plus grosses que les cerises (trop difficiles à farcir) ou dans un beurrier avec des toasts frottés à la tomate façon tapas.

Préparation 20 min
Conservation

- Coupez les tomates et leur caviar en morceaux et ajoutez le tout à une salade de pâtes ou de riz.
- Vous pouvez garder votre caviar 1 semaine au frais, arrosé d'huile d'olive.

Pour 6 personnes

- 400 g de tomates olives
- 1/2 bouquet de basilic
- 250 g d'olives noires
- 1 cuil. à café de câpres au vinaigre
- 1 cuil. à soupe de moutarde forte
- 1 cuil. à café d'herbes de Provence
- 10 cl d'huile d'olive
- Poivre du moulin

1. Dénoyautez les olives en les écrasant entre vos doigts. Dans le bol du mixeur, placez les olives, les herbes, les câpres rincées, la moutarde et faites tourner par à-coups pour obtenir une purée granuleuse. Poivrez bien et ajoutez l'huile d'olive. Donnez encore quelques tours de mixeur et réservez.

2. Lavez et séchez les tomates. Coupez-les en deux (ou coupez-leur un chapeau si elles sont trop petites, videz-les de leurs graines et de leurs cloisons et farcissez-les avec le caviar. Plantez 1 petite feuille de basilic sur le dessus et servez à température ambiante.

 Préparez votre caviar quelques heures à l'avance, il n'en sera que plus parfumé et les herbes auront le temps « d'infuser ».

 Remplacez les câpres par des **anchois** et les herbes de Provence par du **thym** frais.

Bouchées de dinde au jambon de Bayonne

Encore un détournement de recette. Vous connaissez les *saltimbocca*, ces petites escalopes de veau au jambon de Parme, arrosées de vin blanc ? Et bien, ici, le veau est devenu de la dinde et le Parme du Bayonne. Une bonne façon d'apprécier la finesse des viandes blanches crues sans effrayer vos convives.

Passage au congélateur 1h
Préparation 10 min
Conservation
- Difficile de conserver ces rouleaux après les avoir arrosés de vinaigrette.

Pour 4 personnes
- 400 g d'escalopes de dinde sans la peau
- 300 g de jambon de Bayonne coupé en fines tranches
- 12 olives vertes
- 3 brins de basilic
- 3 cuil. à soupe d'huile d'olive
- 1 cuil. à soupe de vinaigre de vin blanc
- Poivre du moulin

Et aussi
- Des pics en bois ou des cure-dents

1. Placez la dinde au congélateur pendant 1 h pour qu'elle s'affermisse.
2. Dénoyautez les olives, coupez-les en copeaux. Lavez et essuyez les feuilles de basilic. Mélangez le vinaigre, l'huile d'olive et du poivre.
3. Coupez les tranches de jambon en deux dans la longueur. Taillez les filets de dinde en tranches aussi fines que possible et coupez-les en lamelles aussi larges que le jambon.

4. Sur une assiette plate, déposez 1 tranche de jambon, couvrez-la d'1 lamelle de dinde, arrosez de vinaigrette, déposez quelques copeaux d'olives et 2 feuilles de basilic en les faisant déborder sur l'extérieur. Roulez le tout bien serré et piquez avec un cure-dent.

 Utilisez un long couteau à lame fine pour trancher plus facilement la dinde.

 Remplacez les olives par de la **tapenade**.

Bouchées de sardines au sel

Fier de ses origines charentaises, mon père prépare souvent ces sardines simplement marinées dans le sel. La première fois qu'il m'en proposa, je n'étais pas encore adepte du poisson cru et il lui fallu déployer des trésors de diplomatie pour me convaincre de goûter à cette curieuse recette. Interdiction d'y ajouter du jus de citron ou de l'huile d'olive, il fallait les manger telles quelles. J'étais conquise. « Tout cru, la cuisine sans four ni casserole » est peut-être né ce jour-là...

Préparation 20 min
Marinade 1 nuit
Conservation
- Une fois que vous avez ôté le sel, mieux vaut consommer les sardines immédiatement.

Pour 4 personnes
- 12 belles sardines entières, non vidées
- 500 g de gros sel de mer
- 1 baguette de campagne
- Beurre doux

1. La veille, lavez et séchez les sardines. Étalez un peu de gros sel sur un grand plat et posez les sardines dessus. Saupoudrez-les généreusement de gros sel et couvrez le plat avec un linge. Laissez reposer au frais 12 à 24 h, selon le degré de « cuisson » désiré.
2. Le jour même, rincez et séchez les sardines, retirez la tête qui entraînera les viscères, puis retirez la peau des filets avec un couteau à lame fine. Détachez la chair de l'arête et déposez les sardines sur de fines rondelles de baguette généreusement beurrées. Ajoutez éventuellement un tour de moulin à poivre.

 Ceux qui voudraient ajouter du citron perdraient le parfum de noisette des sardines.

 Aucune. Allez demander à mon papa si vous pouvez modifier la recette...

Boulettes de chèvre au raisin

L'avantage avec le chèvre frais, c'est que tout le monde aime ça. Même les « fromageophobes » se laissent séduire par sa saveur douce et sa texture onctueuse... Alors avec des pignons et des raisins, vous pensez bien que vos invités ne vont en faire qu'une bouchée !

Marinade 1 h
Préparation 10 min
Repos au frais 3 h
Conservation
- 48 h au frais, couvert d'un film alimentaire.

Pour 6 personnes
- 300 g de chèvre très frais
- 50 g de beurre ramolli
- 3 brins de coriandre
- 1/2 cuil. à café de gingembre frais haché
- 80 g de raisins secs
- 80 g de pignons
- 1 cuil. à soupe d'huile d'olive
- Sel et poivre du moulin

1. Couvrez les raisins secs d'eau tiède et laissez-les gonfler 1 h.
2. Concassez grossièrement les pignons. Écrasez le chèvre avec le beurre mou. Ajoutez les raisins, l'huile d'olive, le gingembre haché, du sel et du poivre.
3. Façonnez des boulettes à la main et roulez-les dans les pignons concassés. Posez-les sur une assiette et laissez reposer au frais 3 h au moins.

 Mouillez vos mains pour faciliter la préparation des boulettes.

 Remplacez les pignons par des **noix** ou des **amandes** hachées.

Croqu'huîtres au foie gras

Un amuse-bouche de luxe, plutôt inattendu. Depuis longtemps, les chefs se sont aperçus que l'huître se mariait fort bien avec la charcuterie. C'est ainsi qu'on les propose avec des petites saucisses grillées sur la côte Atlantique. Avec le foie gras ça marche aussi très bien, surtout si l'on ajoute un petit hachis d'échalotes.

Préparation 30 min

Conservation
- Franchement, il serait délicat de préparer ces bouchées à l'avance.

Pour 6 personnes
- 18 huîtres creuses moyennes
- 1 pain aux noix un peu rassis
- 200 g de foie gras cru
- 2 échalotes
- Noix muscade râpée
- Sel, poivre du moulin

1. Ouvrez les huîtres et videz la première eau. Épluchez et hachez les échalotes. Coupez le pain en tranches de 1 cm d'épaisseur. Posez un petit verre sur les tranches et découpez des rondelles de 7 cm de diamètre, de façon à faire des « bouchées ».

2. Déposez 1 petite tranche de foie gras sur chaque rondelle de pain et ajoutez un peu de hachis d'échalotes. Pressez légèrement pour le faire adhérer au foie gras. Salez, poivrez et ajoutez la noix muscade. Déposez 1 huître sur chaque rondelle, poivrez à nouveau et disposez sur des assiettes plates.

 Servez à l'apéritif avec un vin moelleux comme un Alsace vendanges tardives, un coteau de l'Aubance ou un vouvray moelleux.

 Remplacez le foie gras cru par un foie mi-cuit.

LES
salades

Saumon mariné aux lanières de concombre 63

Salade d'herbes juste cueillies 64

Salade César au vinaigre balsamique 66

Chou chinois façon coleslaw 68

Salade de citrons aux olives et à l'origan 69

Salade de pourpier au zeste de citron 70

Salade de fraises au cresson 71

Salade toute verte aux courgettes, aux pistaches et au raisin 73

Melon citronné aux baies roses 74

Petits pois aux pommes et à la menthe 75

Radis o'fanes 76

Pousses d'épinards à la poutargue 78

Salade de betteraves aux noix 79

Salade d'aubergines tête de chat 80

Salade de haricots verts à la cardamome 82

Cresson et grenade au fromage de brebis 83

Salade de crabe aux herbes 85

Endives aux pommes et au roquefort 86

Salade exotique de jambon aux carottes 87

Mâche au chocolat amer 88

Saumon mariné aux lanières de concombre

Juste raidi dans le sel, le saumon est couvert de fromage frais onctueux et enroulé dans une lanière de concombre bien croquante. Imaginez ce que cela peut donner dans la bouche... Restons calmes et cuisinons ensemble.

Marinade 3 h
Préparation 15 min
Conservation
- Déconseillée.

Pour 4 personnes
- 500 g de saumon en pavés sans peau
- 1 concombre
- 2 brins de menthe
- 2 cuil. à soupe de jus de citron
- 150 g de fromage frais égoutté (type caillé de vache)
- 3 cuil. à soupe d'huile d'olive
- 3 bonnes poignées de gros sel
- Sel et poivre du moulin

1. Couvrez les pavés de saumon de gros sel et laissez reposer 3 h au frais.
2. Lavez et séchez le concombre. Émincez-le dans la longueur avec une mandoline ou, à défaut, avec un couteau-économe, de façon à obtenir des lanières très fines.
3. Mélangez le fromage avec 1 cuil. à soupe de jus de citron, 1 cuil. à soupe d'huile d'olive et un peu de menthe ciselée. Poivrez et réservez.
4. Rincez le saumon sous un filet d'eau et séchez-le. Coupez-le en petites bouchées rectangulaires de la

taille d'un petit doigt. Étalez un peu de fromage sur les morceaux de saumon, enroulez 1 lanière de concombre autour. Donnez un tour de moulin à poivre et disposez en étoiles sur les assiettes.

5. Préparez la vinaigrette avec 1 cuil. à soupe de jus de citron et 2 cuil. à soupe d'huile d'olive, du sel et du poivre ; assaisonnez-en le reste des lanières de concombre et placez-les au centre des assiettes. Salez, poivrez, parsemez de menthe ciselée et servez sans attendre.

 N'ajoutez pas de sel car, même lavé, le saumon reste salé par sa marinade.

 Remplacez le fromage frais par de la **crème épaisse** ou de la **ricotta**.

Salade d'herbes juste cueillies

On voit de plus en plus souvent les herbes se substituer aux salades vertes traditionnelles sur les cartes des restaurants à la mode. Il ne suffit pourtant pas de mélanger les yeux fermés tout ce que vous pouvez cueillir sur votre balcon. L'estragon, par exemple, supporte mal d'être associé à d'autres herbes et le thym, si apprécié sur les grillades, emporte vite les saveurs de ses voisines. Pour l'assaisonnement, le citron reste le meilleur faire-valoir de ces feuilles délicates.

Préparation 10 min
Conservation

- Une fois assaisonnée, cette salade ne peut être resservie telle quelle.

Pour 4 personnes

- 1/2 bouquet de menthe
- 1/2 bouquet d'aneth
- 1 gros bouquet de cerfeuil
- 1 gros bouquet de basilic
- 1 gros bouquet de persil plat
- 1/2 bouquet de ciboulette
- Quelques feuilles de rougette ou de mesclun
- 1 cuil. à soupe de jus de citron
- 3 cuil. à soupe d'huile d'olive
- 1/2 cuil. à café de moutarde forte
- 2 bonnes pincées de sucre en poudre
- Sel et poivre du moulin

1. Lavez et séchez les herbes et la salade. Déchirez les feuilles de salade avec les doigts. Effeuillez et ciselez grossièrement les herbes.

2. Dans un saladier, versez le jus de citron, mélangez avec la moutarde, le sucre en poudre, du sel et du poivre. Émulsionnez avec l'huile d'olive en fouettant à la fourchette. Ajoutez les herbes et la salade et mélangez à la vinaigrette.

3. Servez rapidement en accompagnement d'un steak tartare ou d'un carpaccio.

 **UN CONSEIL** Pour faire de cette salade une entrée plus complète, accompagnez-la d'un chèvre frais fouetté avec de l'huile d'olive, du sel, du poivre et agrémenté de copeaux d'olives noires.

VARIANTES

Mayonnaise aux herbes. Vous pouvez récupérer les herbes pour préparer une mayonnaise aux herbes. Fouettez 2 jaunes d'œufs avec 1 cuil. à soupe rase de moutarde et du sel. Versez 40 cl d'huile sans cesser de fouetter. Ciselez les herbes restantes et incorporez-les à cette mayonnaise.

Vous pouvez oublier les herbes que vous ne trouvez pas ou en ajouter d'autres : **marjolaine, oseille** ou **sarriette** fraîche.

Salade César au vinaigre balsamique

Un grand classique, dont il existe une infinité de versions. Je me suis amusée à y ajouter un peu de ce vinaigre millésimé qu'est le balsamique pour lui conférer une rondeur inédite. Si cette recette est pour vous l'occasion d'investir dans une bouteille de vinaigre balsamique, soyez grand seigneur et achetez un produit de qualité, d'au moins 10 ans d'âge. Vous en mettrez beaucoup moins et il sera bien plus concentré en arôme.

Préparation 20 min

Conservation

- La sauce peut être conservée 3 à 4 jours dans un récipient hermétique. Si vous la préparez à l'avance, n'ajoutez le parmesan qu'au dernier moment.

Pour 6 personnes

- 2 petites romaines
- 1 gousse d'ail
- 1 cuil. à soupe de jus de citron
- 10 filets d'anchois à l'huile
- 50 g de parmesan râpé
- 1 cuil. à soupe d'un bon vinaigre balsamique
- 1 cuil. à soupe de vinaigre blanc

- 1 cuil. à soupe de Worcestershire sauce
- 1 cuil. à café de moutarde forte
- 1 jaune d'œuf
- 3 cuil. à soupe d'huile d'olive
- Sel et poivre du moulin

1. Écrasez les filets d'anchois et la gousse d'ail pelée à l'aide d'un mortier ou d'un presse-ail, mettez-les dans un bol, ajoutez les vinaigres, la moutarde, le jus de citron, la Worcestershire sauce, du sel, du poivre et le jaune d'œuf. Fouettez énergiquement. Versez l'huile d'olive petit à petit sans cesser de fouetter, puis incorporez le parmesan râpé. Ajoutez un filet d'eau si la sauce vous paraît trop épaisse.
2. Effeuillez la salade et déchirez les feuilles avec les mains. Lavez et essorez-les. Placez-les dans un grand saladier.
3. Versez la sauce sur la salade, mélangez bien et servez sans attendre.

 Vous pouvez ajouter des croûtons ou 1/2 oignon rouge émincé.

 Vous pouvez vous dispenser du jaune d'œuf et du jus de citron.

Chou chinois façon coleslaw

Le coleslaw est une des salades les plus connues d'Amérique du Nord. Ordinairement préparée avec du chou, des carottes et des oignons, elle accompagne tous les hamburgers, hot dogs et autres spécialités diablement diététiques. Personnellement, je trouve le chou pommé un peu indigeste, c'est pourquoi je préfère le remplacer par du chou chinois, nettement plus fin et plus léger. Pour que cette salade reste croquante, il faut néanmoins éviter de la préparer trop longtemps à l'avance.

Préparation 10 min
Repos 30 min
Conservation
- Cette salade peut être conservée 24 h au frais, après avoir couvert le saladier d'un film alimentaire.

Pour 4 personnes
- 300 g de chou chinois
- 4 brins de persil plat
- 30 g de raisins secs
- 1 cuil. à soupe de vinaigre de vin blanc
- 1 cuil. à café de moutarde forte
- 1 cuil. à soupe de mayonnaise
- 2 cuil. à soupe de crème liquide
- 1/2 cuil. à café de raifort râpé
- Sel et poivre du moulin

1. Faites gonfler les raisins secs dans un peu d'eau chaude. Fouettez ensemble le vinaigre, la moutarde, le raifort, du sel et un peu de poivre. Ajoutez la mayonnaise et la crème. Retirez les feuilles externes du chou, puis émincez-le en lamelles de 1 cm de large.

2. Mélangez le chou avec les raisins et la sauce. Parsemez de persil ciselé. Laissez reposer 30 min avant de servir.

Pour une salade plus légère, utilisez 3 cuil. à soupe de crème liquide allégée et pas de mayonnaise.

Remplacez les raisins par des dés de fruits secs au choix (figues, dattes, abricots).

Chou blanc pommé façon coleslaw. Remplacez le chou chinois par du chou blanc pommé, à condition de le couper très fin et de le laisser mariner 2 h.

Salade de citrons aux olives et à l'origan

Habituellement, le citron ne fait que ponctuer les salades de ses touches acides. Ici, il est l'ingrédient principal et sa pulpe est croquée comme un fruit. Si vous trouvez de la sarriette, n'hésitez pas à en parsemer votre salade, c'est délicieux.

Préparation 10 min
Conservation
- Jusqu'à 3 jours au frais.

Pour 4 personnes
- 3 citrons jaunes
- 1/2 bouquet de persil plat
- 10 olives vertes
- 10 olives noires
- 2 cuil. à soupe d'huile d'olive
- 1/2 cuil. à café de cumin en poudre
- 1 cuil. à soupe d'origan séché
- Sel et poivre du moulin

1. Coupez les citrons en deux et détachez les quartiers de l'écorce. Pelez-les et taillez-les en triangles de 1 cm d'épaisseur. Lavez, essuyez et hachez le persil.

2. Placez les triangles de citrons dans un saladier. Saupoudrez de cumin en poudre. Ajoutez le persil haché et l'origan séché. Salez et poivrez. Mélangez intimement.
3. Coupez des éclats d'olives autour du noyau et disposez-les sur la salade. Arrosez d'huile d'olive et servez.

 Utilisez un couteau à pamplemousse pour décoller les quartiers + de citron de l'écorce.

Salade de pourpier au zeste de citron

Le pourpier est une plante fugace que l'on trouve essentiellement en été sur les marchés. On peut consommer les tiges jusqu'à fin juillet, après, elles risquent d'être trop sèches. Croquez-en une nature, juste pour voir : la saveur est proche de celle de la mâche (en un peu plus piquant) et la texture, légèrement grasse, la rapproche plus d'un légume que d'une herbe. Ne vous méprenez pas, le pourpier est très faible en calories et cette salade reste un agréable moyen de garder la ligne sans contrainte.

Préparation 15 min
Repos 1 h
Conservation
- Plusieurs jours pour la vinaigrette. Une fois la salade assaisonnée, mixez-la pour obtenir une pâte d'herbes que vous mélangerez à un caillé de chèvre ou à de la ricotta fouettée. À servir à l'apéritif avec des gressins.

Pour 4 personnes
- 150 g de pourpier
- 1/2 bouquet de cerfeuil
- 3 brins de basilic
- 2 brins de menthe
- 1/2 botte de ciboulette
- 3 brins d'aneth
- 1/2 citron
- Quelques gouttes de vinaigre de vin blanc
- 3 cuil. à soupe d'huile d'olive
- 1 bonne pincée de sucre en poudre
- Sel et poivre du moulin

1. Lavez l'écorce du citron et râpez le zeste sans entamer la partie blanche (qui est amère). Fouettez ensemble le jus de citron, le zeste râpé, le sucre en poudre, le vinaigre, du sel, du poivre et l'huile d'olive. Laissez reposer cette vinaigrette 1 h au moins.
2. Lavez, séchez et effeuillez les herbes et le pourpier. Ciselez grossièrement les herbes. Mélangez salade, herbes ciselées et vinaigrette dans un grand saladier et servez immédiatement.

 Pour ciseler les herbes, le mieux reste de mettre les feuilles dans un verre à bords hauts et de les couper à l'aide d'une paire de ciseaux.

 Vous pouvez utiliser les herbes de votre choix, mais évitez celles dont le parfum dominerait les autres : **sauge, romarin, thym**.

Salade de fraises au cresson

À la fois parfumées et peu sucrées, les fraises entrent parfois dans la composition de recettes salées, pour leur apporter une rondeur à peine distinguable. Ici, elles s'assument fièrement, tenant tête à l'amertume du cresson et à l'acidité de l'orange.

Préparation 10 min
Conservation
- Déconseillée.

Pour 4 personnes
- 250 g de cresson
- 250 g de fraises
- 1 orange
- 1 brin de menthe
- 3 cuil. à soupe d'huile d'olive bien parfumée

- 1 cuil. à café d'un vinaigre balsamique concentré
- 1 pincée de sucre en poudre
- Sel et poivre du moulin

1. Lavez, puis équeutez les fraises. Coupez-les en quatre. Lavez et essorez le cresson, déchirez les feuilles entre vos doigts.

2. Prélevez un peu de zeste d'orange et réservez-le. Retirez l'écorce de l'orange et pelez les quartiers à vif (retirez la peau blanche qui les entoure) en vous plaçant au-dessus d'une assiette pour recueillir le jus.

3. Dans un bol, mélangez au fouet le jus d'orange, le vinaigre balsamique, le sucre en poudre, une petite pincée de sel et du poivre. Ajoutez l'huile d'olive sans cesser de fouetter.

4. Assaisonnez le cresson avec 2/3 de la vinaigrette. Dressez-le dans les assiettes, décorez avec les fraises et les oranges et arrosez du reste de vinaigrette. Répartissez des petites feuilles de menthe et un peu de zeste d'orange râpé sur le dessus et servez bien frais.

 Évitez de laver les fraises après les avoir équeutées car elles se gorgeraient d'eau et perdraient une partie de leur parfum.

 Remplacez les oranges par du **pamplemousse**.

Salade de fraises à la mâche. Remplacez le cresson par de la mâche.

Salade toute verte aux courgettes, aux pistaches et au raisin

J'aime par-dessus tout ces petites courgettes rondes que l'on trouve dès le printemps sur les étals des marchés. Jolies, denses, d'un vert délicat, on aurait presque envie de les servir telles quelles, à la croque au sel. Si vous êtes d'humeur plus cuisinière, optez pour cette salade sucrée-salée et prévoyez large, en général, tout le monde se ressert...

Préparation 20 min

Conservation
- les courgettes (pas la salade) : 24 h au frais.

Pour 4 personnes
- 4 courgettes rondes ou 3 courgettes fleurs
- Quelques feuilles de salade verte (rougette, laitue, batavia...)
- 30 grains de raisin vert
- 3 brins de menthe
- 2 cuil. à soupe de jus de citron vert
- 2 cuil. à soupe de pistaches non salées concassées
- 100 g de pecorino
- 2 cuil. à soupe d'huile de pignon ou d'huile de noix
- 1 cuil. à soupe d'huile d'olive
- Sel et poivre du moulin

1. Mélangez énergiquement le jus de citron vert et un peu du zeste râpé, du sel, du poivre et les huiles.

2. Lavez et séchez la menthe, les courgettes et la salade. Coupez le pédoncule des courgettes et taillez-les en rondelles de 0,5 cm de large, puis chaque rondelle en bâtonnets. Roulez les feuilles de salade sur elles-mêmes et émincez-les. Ciselez les feuilles de menthe. Lavez les grains de raisin et coupez-les en deux.

3. Assaisonnez séparément la salade, puis les bâtonnets de courgettes mélangés à la menthe ciselée.

4. Répartissez la salade dans les assiettes, ajoutez les bâtonnets de courgettes, les pistaches, le raisin et le pecorino détaillé en larges copeaux. Poivrez au moulin et servez sans attendre.

– Achetez du raisin sans pépins, sinon retirez-les avec un petit couteau.
– Si vous ne parvenez pas à faire des copeaux de pecorino, émiettez-le.
– Pour une bonne harmonie des saveurs, évitez de choisir du raisin trop sucré.

Vous pouvez oublier la salade verte, remplacer le pecorino par du **parmesan** et le raisin par des dés de **poires** bien mûres.

Melon citronné aux baies roses

J'ai, un jour, arrosé un melon un peu fade de jus de citron, histoire de l'égayer un peu... Depuis, j'ai bien du mal à le manger nature. Attention, vous devez néanmoins doser les ingrédients de cette recette avec parcimonie pour éviter de perdre les saveurs du fruit.

Préparation 5 min
Marinade 10 min
Conservation
- 24 h au frais, couvert d'un film alimentaire.

Pour 4 personnes
- 1 beau melon vert
- 1 citron vert (jus)
- 4 brins de menthe
- 1 cuil. à soupe de baies roses
- Poivre blanc du moulin

1. Coupez le melon en quatre, puis retirez les pépins. Détachez la chair de l'écorce et coupez-la en gros dés. Lavez, séchez et ciselez les feuilles de menthe.

2. Dans un saladier, mélangez les dés de melon, la menthe ciselée, les baies roses concassées et le jus du citron vert, poivrez légèrement et mélangez. Laissez reposer 10 min au frais et servez.

 Entreposez le melon au frais avant de le découper. Ce plat doit être servi bien froid.

 ***Melon citronné au poivre de Setchuan.*** Vous pouvez utiliser du melon charentais et remplacer les baies roses et le poivre blanc par du poivre de Setchuan concassé.

Petits pois aux pommes et à la menthe

Quand je vous dis que tous les légumes peuvent être consommés crus... Du moment que vous respectez les saisons et que vous achetez les yeux grands ouverts. Ainsi, mieux vaut privilégier les petits pois que l'on trouve au printemps ou pendant l'été, plus fins et dont le goût de noisette est indispensable à la réussite de cette recette. Quant aux gousses, elles doivent être brillantes, lisses et sans tâches. Pour les ouvrir, il y a 36 façons. La mienne, c'est d'appuyer fermement sur la tranche, ça marche tout seul !

Préparation 15 min   **Pour 4 personnes**
Conservation
- 48 h au frais.
- 600 g de petits pois en cosses
- 1 pomme rouge ou jaune
- 3 brins de menthe
- 1 cuil. à soupe de vinaigre de cidre
- 2 cuil. à soupe d'huile de noisette
- 1 cuil. à soupe d'huile de pépins de raisin
- 1 bonne cuil. à soupe de sucre en poudre
- 4 cuil. à soupe de poudre de noisette
- Sel et poivre du moulin

1. Écossez les petits pois. Préparez la vinaigrette : fouettez le sucre et un peu de sel avec le vinaigre de cidre. Ajoutez les huiles et mélangez vivement. Pelez et découpez la pomme en petits dés. Lavez et ciselez les feuilles de menthe.

2. Mélangez le tout, rectifiez l'assaisonnement et disposez dans des petites assiettes creuses. Saupoudrez de poudre de noisette avant de servir.

 Choisissez des petites cosses pour obtenir des « petits » pois plus digestes.

 ***Fèves aux poires et à la menthe.*** Remplacez les petits pois par des fèves fraîches écossées et débarrassées de leurs deux peaux, et les pommes par des poires pas trop mûres.

Radis o'fanes

On néglige trop souvent le pouvoir aromatique des fanes, des trognons et des épluchures. La saveur du légume s'y trouve souvent concentrée et si l'on s'amuse à les accommoder selon son instinct, on crée parfois de grands plats à moindre coût. J'ai ainsi en mémoire le plaisir de chips de peaux de pommes de terre, servies à l'apéro, ou la surprise créée par une amie qui avait imaginé une salade composée uniquement de fanes de légumes. C'est dans le fond des paniers qu'on fait les meilleures salades.

Préparation 10 min

Conservation
- Quelques heures au frais, tout au plus.

Pour 4 personnes
- 2 bottes de radis
- 1 gousse d'ail
- 1 cuil. à soupe de jus de citron
- 1/2 cuil. à café de zeste de citron râpé
- 3 cuil. à soupe d'huile d'olive
- Sel

1. Séparez les radis des fanes, lavez et séchez le tout. Ciselez les fanes pour obtenir 2 cuil. à soupe d'herbes hachées. Coupez les radis en petits bâtonnets. Mélangez le tout.

2. Pelez et hachez l'ail, mélangez-le au jus et au zeste de citron, ajoutez du sel, l'huile d'olive et fouettez énergiquement.

3. Versez cette sauce sur les radis, mélangez et servez aussitôt.

 Si vous craignez la saveur piquante des radis, pelez-les avant de les tailler en bâtonnets.

UNE VARIANTE Remplacez l'ail par de petits oignons nouveaux hachés.

Pousses d'épinards à la poutargue

La poutargue est un peu le caviar de la Méditerranée. Ces œufs de mulet séchés sont le plus délicat des amuse-bouches et transforment un simple plat de spaghettis à l'huile d'olive en un mets de roi. En préparant cette recette, j'ai tenté d'associer la poutargue à d'autres ingrédients : tomates, concombre, noix. Rien ne va. C'est seule, avec un filet de citron et une pointe de sucre, qu'elle se déguste. Ici plus que jamais, le trop est l'ennemi du bon.

Préparation 10 min
Conservation
- Pas question !

Pour 6 personnes
- 100 g de poutargue
- 250 g de pousses d'épinards
- 2 cuil. à soupe de jus de citron + quelques gouttes
- 3 cuil. à soupe d'huile de noix
- 2 cuil. à soupe d'huile d'olive
- 1 jaune d'œuf
- 1/2 cuil. à café de sucre en poudre
- 1 poignée de cerneaux de noix
- Sel et poivre du moulin

1. Lavez et essorez les épinards. Retirez le bout des tiges. Dans un bol, mélangez le jaune d'œuf avec le citron, les huiles, le sucre en poudre et un petit peu de sel.

2. Retirez la pellicule qui entoure la poutargue. Mélangez les épinards avec la sauce et répartissez-les dans les assiettes. Parsemez de noix concassées. Débitez la poutargue en lamelles à l'aide d'un couteau-économe en vous plaçant au-dessus des assiettes.
3. Arrosez de quelques gouttes de jus de citron et poivrez généreusement au moulin. Servez aussitôt.

 Si votre poutargue est entourée de cire, comptez 150 g.

 Vous pouvez vous passer du jaune d'œuf et parsemer de **cerfeuil** haché.

Salade de betteraves aux noix

Une recette express, idéale pour débuter un repas estival. La saveur aigrelette de la noix relève à merveille la rondeur des betteraves.

Préparation 10 min
Conservation
- 24 h au frais.

Pour 4 personnes
- 400 g de betteraves cuites
- 1/2 citron (jus)
- 3 brins de cerfeuil
- 50 g de cerneaux de noix
- 10 cl de crème liquide
- 1 bonne cuil. à café de moutarde douce Savora
- Sel et poivre du moulin

1. Fouettez ensemble la crème, le jus de citron, la moutarde, du sel et du poivre.
2. Pelez les betteraves et coupez-les en rondelles de 0,5 cm d'épaisseur, disposez-les dans les assiettes et arrosez-les de sauce. Décorez avec les noix concassées et des pluches de cerfeuil.

 Choisissez des betteraves cuites au four, les plus savoureuses.

 Remplacez la crème par du yaourt grec et le cerfeuil par de la menthe.

Salade d'aubergines tête de chat

Une recette inattendue que je dois à mon ami Bob, qui a vécu longtemps dans les montagnes du Liban. Il emportait un peu de sel et de boulghour dans sa sacoche et composait ses repas avec ce qu'il trouvait dans la nature. Cette salade d'aubergines est un de ses plats favoris et elle prouve bien qu'il n'est pas un légume qui ne puisse être consommé cru. Et pourquoi « tête de chat » ? « C'est ainsi que l'appelait ma maman qui le tenait de sa mère, qui »... Soit !

Repos 4 h
Préparation 20 min
Conservation
- 48 h au frais.

Pour 6 personnes
- 3 aubergines
- 1 tomate
- 1 poivron vert
- 1 petit piment vert
- 2 gousses d'ail
- 3 oignons nouveaux

Bon à savoir
- La mélasse de grenade n'est autre que du jus du fruit réduit jusqu'à consistance sirupeuse.

- 2 cuil. à soupe de jus de citron
- 1 brin de menthe
- 8 olives noires
- 2 cuil. à soupe de mélasse de grenade
- 3 cuil. à soupe d'huile d'olive
- 3 cuil. à soupe de gros sel
- Sel fin

1. Pelez les aubergines avec un couteau-économe. Détaillez-les en dés de 1 cm de côté. Placez-les dans une passoire, mélangez-les au gros sel et laissez-les dégorger 4 h.
2. Lavez, épépinez et émincez le piment. Pilez ou hachez-le avec l'ail. Mélangez la mélasse, le jus de citron et le piment aillé.
3. Passez les aubergines sous un filet d'eau froide pour les dessaler. Essorez-les dans un linge en pressant délicatement. Mélangez-les à la sauce.
4. Lavez, épépinez et coupez la tomate et le poivron en rondelles. Lavez et émincez les oignons avec un peu de leurs tiges. Ciselez les feuilles de menthe. Ajoutez aux aubergines les rondelles de tomate et de poivron, les oignons émincés, la menthe ciselée et les olives noires, arrosez d'huile d'olive.
5. Mélangez au dernier moment et ajoutez éventuellement un peu de sel.

 Choisissez des aubergines de petite taille pour éviter qu'elles contiennent trop de graines.

UNE VARIANTE Remplacez la mélasse par 1 cuil. à soupe de jus de **citron** fouetté avec 1 cuil. à soupe de **miel**.

Salade de haricots verts à la cardamome

Qui n'a pas un jour croqué discrètement un haricot vert cru chez le primeur en attendant son tour à la caisse ? S'ils sont de très bonne qualité, c'est-à-dire extra-fins, fermes et d'une couleur uniforme, ils seront délicieux crus, en salade avec un filet d'huile et de citron. Pour s'assurer qu'ils n'ont pas de fils, cassez-les en deux, ça ne trompe pas. Et surtout, préparez-les le jour même, car ils flétrissent très vite et toute la réussite de cette recette tient à leur croquant.

Préparation 20 min
Marinade 1 h
Conservation
- 24 h, au-delà les haricots ramolliraient sérieusement.

Pour 6 personnes
- 800 g de haricots verts très fins
- 1 blanc de poireau
- 3 oignons nouveaux
- 1/2 bouquet de persil plat
- 10 cl de jus de citron
- 4 cuil. à soupe d'huile d'olive
- 1 bonne pincée de noix muscade râpée
- 10 capsules de cardamome
- 1 cuil. à soupe de moutarde en grains
- Sel et poivre du moulin

1. Lavez les haricots verts, éboutez-les et coupez-les en 3 ou 4 morceaux. Lavez le poireau et émincez-le très finement. Pilez les capsules de cardamome.

2. Arrosez le tout de jus de citron, ajoutez la noix muscade râpée, la cardamome pilée saupoudrée à travers une passoire fine, du sel et du poivre.

3. Lavez, essuyez et ciselez le persil. Coupez les tiges des oignons en laissant un peu de vert. Lavez les oignons et coupez-les en deux dans la longueur, puis émincez-les en tranches fines. Versez les oignons émincés et le persil ciselé sur les haricots, arrosez avec l'huile d'olive mélangée à la moutarde et remuez bien. Laissez mariner 1 h et servez à température ambiante.

 À l'achat, choisissez des haricots verts fermes et cassants. La cassure doit être légèrement humide.

 **Salade de fèves à la cardamome.** Remplacez les haricots verts par des fèves fraîches écossées et débarrassées de leurs deux peaux.

Cresson et grenade au fromage de brebis

La grenade est un des fruits les plus usités dans la cuisine du Moyen-Orient. Il faut dire que ses petits grains à la fois suaves et acides se marient aussi bien avec le sucré que le salé et décorent instantanément les assiettes. Quant au fromage, méfiez-vous des morceaux prédécoupés, vendus en grandes surfaces. Ils n'ont souvent de fromage que le nom et leur pâte s'avère souvent tristement caoutchouteuse. Allez, le fromager n'est qu'à quelques pas de là...

Préparation 15 min
Conservation

- Bof... à votre place, je mangerais tout, c'est tellement léger !

Pour 4 personnes

- 200 g de cresson
- 1/2 grenade
- 2 brins de coriandre
- 80 g de fromage de brebis plutôt sec
- 1 cuil. à soupe de vinaigre de vin
- 2 cuil. à soupe d'huile de noix
- 1 cuil. à soupe d'huile d'olive
- 1 pincée de sucre en poudre
- Sel et poivre du moulin

1. Coupez la demi-grenade en deux, puis en quatre au-dessus d'une assiette pour récupérer le jus. Égrainez 2 quartiers (conservez le reste au frais, dans du papier aluminium).

2. Lavez et essorez la coriandre et le cresson. Ciselez la coriandre. Coupez les grosses tiges du cresson. Coupez le fromage en lamelles très fines ou râpez-le à la grosse grille.

3. Préparez la vinaigrette en fouettant le jus de grenade avec le vinaigre, le sucre en poudre et du sel, ajoutez les huiles, poivrez et mélangez à nouveau.

4. Dans un saladier, mélangez le cresson avec la vinaigrette. Décorez avec les graines de grenade, les lamelles de fromage et la coriandre ciselée.

 Ajoutez quelques noix dans la salade.

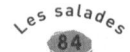

VARIANTES

Cresson et grenade à la tomme de chèvre ou au cantal. Remplacez le fromage de brebis par de la tomme de chèvre ou du cantal.

Mâche et grenade à la tomme de chèvre ou au cantal. Remplacez le cresson par de la mâche et le fromage de brebis par de la tomme de chèvre ou du cantal.

Salade de crabe aux herbes

Une salade toute bête qui ne peut être préparée qu'avec du crabe de très bonne qualité. Si vous n'avez pas le courage de décortiquer un tourteau pour l'occasion, choisissez de la chair en boîte et prévoyez un investissement assez conséquent. Et le lendemain, prévoyez un jambon-purée.

Préparation 15 min

Conservation
- 1 journée au frais.

Pour 6 personnes
- 500 g de chair de crabe (égouttée)
- 150 g de mesclun
- 2 cuil. à soupe de jus de citron
- 6 cuil. à soupe d'huile d'olive
- 1 cuil. à café de moutarde
- 1/2 bouquet de persil plat
- 1/2 bouquet de ciboulette
- 1/2 bouquet d'aneth
- Sel et poivre du moulin

Décor
- Quelques tomates cerises

1. Lavez, séchez et ciselez les herbes (réservez-en quelques brins pour décorer). Égouttez le crabe en pressant bien. Fouettez ensemble le jus de citron, du sel, du poivre et la moutarde.
2. Ajoutez l'huile d'olive progressivement, puis les herbes ciselées. Assaisonnez la salade et mélangez le reste de sauce à la chair de crabe.
3. Dressez la salade dans les assiettes, déposez le crabe au centre et décorez avec les tomates cerises coupées en deux et les herbes fraîches réservées.

 Choisissez un crabe de bonne qualité comme le Chatka.

 Ajoutez des quartiers d'agrumes ou des œufs durs.

Endives aux pommes et au roquefort

Ça on connaît, allez-vous me dire. Oui, mais ce n'est pas une raison pour ne pas revoir ses classiques.

Préparation 15 min

Conservation
- Vous pouvez préparer les pommes jusqu'à 4 h à l'avance. Une fois assaisonnée, la salade ne se conserve pas.

Pour 6 personnes
- 4 endives
- 3 pommes granny
- 80 g de roquefort
- 25 cl de crème liquide
- 4 cuil. à soupe de vinaigre de cidre
- Sel et poivre du moulin

1. Mixez ensemble la crème, le vinaigre de cidre, le roquefort, du sel et du poivre. Pelez et coupez les pommes en dés. Mélangez-les à la sauce.
2. Coupez les endives, lavez-les et essorez-les. Versez le mélange aux pommes sur les endives et remuez bien. Servez immédiatement.

 Ajoutez quelques noix concassées ou quelques pignons avant de servir.

 ***Endives aux poires et au bleu d'Auvergne.*** Remplacez le roquefort par du bleu d'Auvergne et les pommes par des poires pas trop mûres.

Salade exotique de jambon aux carottes

Vous connaissiez le jambon caramélisé à l'ananas ? Voici la version crue, avec une râpée de carottes en prime. À l'arrivée c'est une salade colorée et savoureuse qui fait un malheur chez les enfants.

Préparation 10 min
Repos 30 min
Conservation
- 48 h au frais, couvert d'un film alimentaire.

Pour 4 personnes
- 12 rondelles d'ananas en conserve
- 200 g de jambon blanc sans couenne en tranches épaisses
- 2 petites carottes (200 g environ)
- 1/2 orange
- 20 grains de poivre vert secs
- 2 cuil. à soupe d'huile de tournesol
- Sel

1. Coupez le jambon en fines lanières. Pelez et râpez les carottes. Mélangez le tout, ajoutez le zeste râpé de l'orange, le poivre vert concassé, 2 cuil. à soupe de jus d'orange et l'huile. Salez peu et mélangez. Laissez reposer 30 min.
2. Égouttez les tranches d'ananas et répartissez-les dans les assiettes. Déposez la salade en tas au centre des tranches et servez.

 Pour gagner du temps, hachez le jambon au mixeur et disposez-le sur les carottes râpées. Vous mélangerez au dernier moment.

 *Salade exotique de jambon aux courgettes.* Remplacez les carottes par des courgettes.

Mâche au chocolat amer

Un grand délire… Et pourtant, c'est bon. Je cherchais un ingrédient pour répondre à la douceur de la mâche. Inventaire attentif des placards, jusqu'à cette tablette achetée par curiosité chez un artisan chocolatier. Le moins que l'on puisse dire c'est que la réponse était percutante ! Et si vos invités annoncent qu'ils ne veulent pas de salade, poudrez chaque assiette d'une cuillerée à café de sucre en poudre et d'un hachis de noix pour un dessert non moins étonnant.

Préparation 5 min

Conservation
- De toute façon, soit vous adorez et il n'en restera plus, soit vous détestez et il n'y aura plus qu'à nourrir le lapin ou la poubelle.

Pour 4 personnes
- 200 g de mâche
- 3 cuil. à soupe d'huile de pépins de raisin
- 1 cuil. à soupe de vinaigre de vin blanc
- 20 g de chocolat à 90 % de cacao
- Sel et poivre du moulin

1. Lavez et essorez la mâche. Dans le saladier, fouettez ensemble le vinaigre et du sel, puis incorporez l'huile de pépins de raisin. Ajoutez la mâche et mélangez.
2. Râpez le chocolat au-dessus de la salade à l'aide d'un couteau-économe ou d'une râpe à gros trous et mélangez juste avant de servir.

 Si vous ne trouvez pas de chocolat à 90 % de cacao, ajoutez du cacao sans sucre dans la vinaigrette.

 ***Pousses d'épinards au chocolat amer.*** Remplacez la mâche par des pousses d'épinards. Vous pouvez également ajouter des noix ou des amandes effilées.

LES
râpés

Salade de panais aux figues sèches **93**

Carottes aux amandes et à la fleur d'oranger **94**

Allumettes de céleri et de comté aux noix **96**

Salade chilienne aux pommes vertes **97**

Râpée de courgettes au chorizo **98**

Salade de radis noir aux herbes et aux amandes **99**

Salade de panais aux figues sèches

Il fallait voir la tête du primeur quand je lui ai demandé s'il avait des panais aujourd'hui. Il est bien dommage que cette racine, à mi-chemin entre la carotte et le navet, ne nous soit pas plus familière comme c'est le cas dans les pays anglo-saxons. Vous en trouverez chez les épiciers orientaux. Goûtez, c'est délicieux.

Préparation 15 min
Marinade 30 min
Conservation
- 48 h au frais.

Pour 4 personnes
- 12 figues sèches
- 4 panais
- 3 cuil. à soupe de jus de citron
- 3 cuil. à soupe de fromage blanc à 40 %
- 1 cuil. à café de sucre en poudre
- 1 cuil. à café de menthe séchée
- Sel et poivre du moulin

1. Coupez les figues en fines lamelles. Pelez et râpez les panais.
2. Dans un saladier, mélangez le jus de citron, le fromage blanc, le sucre en poudre, du sel et du poivre. Ajoutez les panais râpés et les lamelles de figues, mélangez et laissez reposer 30 min au frais. Saupoudrez de menthe séchée et hachée avant de servir.

Mélangez rapidement les panais râpés à la sauce citronnée pour éviter qu'ils noircissent.

 **Salade de panais aux abricots secs.** Remplacez les figues par des abricots secs.

Salade de panais aux dattes. Remplacez les figues par des dattes.

Carottes aux amandes et à la fleur d'oranger

Un classique qui évoque les saveurs de la cuisine marocaine. Préparez cette salade plusieurs heures à l'avance pour permettre aux parfums de se mélanger.

Préparation 10 min
Marinade 30 min
Conservation
- 24 h au frais.

Pour 6 personnes
- 1 kg de carottes
- 2 oranges
- 1/2 bouquet de coriandre
- 2 cuil. à soupe de jus de citron
- 1 poignée de raisins secs blonds (30 g environ)
- 60 g d'amandes émondées
- 3 cuil. à soupe d'huile d'olive
- 3 cuil. à soupe d'eau de fleur d'oranger
- 1 cuil. à café de graines de cumin
- 1 pincée de noix muscade râpée
- Sel et poivre du moulin

1. Versez le jus d'une orange dans un bol et ajoutez les raisins secs. Laissez gonfler. Épluchez et râpez les carottes.

Lavez, séchez et ciselez la coriandre. Épluchez l'autre orange et détachez les quartiers. Pelez-les et coupez-les en deux dans la longueur.

2. Préparez la sauce dans le saladier : mélangez le jus de citron, l'eau de fleur d'oranger, les graines de cumin, la noix muscade râpée, la coriandre ciselée, du sel et du poivre, puis ajoutez l'huile d'olive.

3. Versez les carottes râpées, ajoutez les demi-quartiers d'orange et mélangez soigneusement. Réservez au réfrigérateur 30 min.

4. Concassez grossièrement les amandes dans un mortier. Avant de servir, ajoutez les raisins secs et leur jus aux carottes, mélangez et parsemez d'amandes concassées. Servez frais.

 Préférez les carottes en botte, plus tendres que les grosses carottes d'hiver.

 *Chou pommé aux amandes et à la fleur d'oranger.* Remplacez les carottes par du chou vert pommé râpé.

Allumettes de céleri et de comté aux noix

Une salade rustique qui peut aisément faire un plat pour un déjeuner léger. Ne transigez pas sur la qualité du comté et achetez-le chez un fromager plutôt qu'en grande surface.

Préparation 15 min
Conservation
- 1 journée au frais, couvert d'un film alimentaire.

Pour 4 personnes
- 250 g de céleri-rave
- 1/2 bouquet de cerfeuil
- 200 g de comté
- 15 cerneaux de noix
- 2 cuil. à soupe d'huile d'olive
- 1 cuil. à soupe d'huile de noix
- 1 cuil. à soupe de vinaigre de vin blanc
- 1 cuil. à café de moutarde en grains
- Sel et poivre du moulin

1. Pelez le céleri-rave et râpez-le à la grosse grille. Retirez la croûte du comté et passez une mandoline ou une trancheuse à fromage dans sa largeur pour obtenir 16 feuilles fines. Râpez le reste à la grosse grille. Lavez, séchez et effeuillez le cerfeuil (réservez-en quelques brins pour décorer).

2. Mélangez le vinaigre, la moutarde, du sel et du poivre puis les 2 huiles.

3. Versez la vinaigrette sur le céleri-rave et le comté râpés, mélangez délicatement, ajoutez les noix grossièrement hachées, le cerfeuil, mélangez et disposez en dôme sur

les assiettes. Couvrez avec les feuilles de comté et disposez autour les petits brins de cerfeuil réservés légèrement huilés.

 Ajoutez des lamelles de truffe et remplacez l'huile de noix par de l'huile à la truffe.

 ***Allumettes de céleri au beaufort ou au gruyère.*** Remplacez le comté par du beaufort ou du gruyère mais évitez le cantal, trop friable.

Salade chilienne aux pommes vertes

De retour d'un long voyage au Chili, une amie servit cette salade à ses invités parisiens, pour le moins circonspects. Quelques bouchées après, nous étions tous, crayon en main, en train de noter la recette. J'espère que ma version ne trahit pas trop l'originale.

Préparation 15 min

Marinade 2 h

Conservation
- Ajoutez un filet de citron et conservez cette salade 1/2 journée au frais, couvert d'un film alimentaire.

Pour 4 personnes
- 3 pommes vertes
- 1 avocat
- 2 oignons nouveaux
- 2 brins de basilic
- 2 cuil. à soupe de jus de citron
- 5 lamelles de tomates séchées à l'huile d'olive
- 2 cuil. à soupe d'huile de noisette
- 1 cuil. à soupe d'huile d'olive
- Sel et poivre du moulin

1. Lavez, séchez et émincez finement les oignons avec un peu de leur tige. Épluchez et râpez les pommes à la grosse grille. Mélangez le tout dans un saladier. Arrosez d'un mélange d'huile de noisette, d'huile d'olive et de jus de citron. Remuez et laissez mariner 2 h.
2. Pendant ce temps, coupez les tomates séchées, l'avocat et les feuilles de basilic en lamelles.
3. Mélangez le tout dans le saladier, salez, poivrez et servez.

 – Vous pouvez utiliser des tomates séchées conservées à l'air, à condition de les faire ramollir quelques secondes à la vapeur.

– Parsemez la salade de noisettes concassées.

 Ben non, pas là !

Râpée de courgettes au chorizo

Une salade étonnante qui ne manque ni de parfum, ni d'originalité. Au marché, si vous trouvez des courgettes rondes, moins amères et plus fermes, n'hésitez pas.

Préparation 5 min
Conservation
- 48 h au frais, couvert d'un film alimentaire.

Pour 4 personnes
- 2 courgettes moyennes
- 200 g de chorizo en 1 morceau
- 2 brins de menthe
- 2 jaunes d'œufs
- 12 olives vertes dénoyautées

1. Retirez la peau du chorizo, coupez-le en morceaux, puis hachez-le finement au mixeur. Lavez, séchez et râpez

les courgettes sans les peler. Pressez-les fortement dans une passoire pour les essorer. Ciselez finement les feuilles de menthe. Coupez les olives vertes en quatre.

2. Mélangez tous les ingrédients avec les jaunes d'œufs et servez à température ambiante.

 Si vous n'avez pas de mixeur, coupez le chorizo en petits dés.

 *Râpée de courgettes au saucisson.* Remplacez le chorizo par un saucisson pas trop sec.

Salade de radis noir aux herbes et aux amandes

Une salade toute légère qui accompagne à merveille un carpaccio de viande blanche ou un plateau d'huîtres.

Préparation 10 min
Conservation
- 2 à 3 h au frais.

Pour 4 personnes
- 1 radis noir
- 1 bouquet de cerfeuil
- 1 bouquet de ciboulette
- 4 brins de menthe
- 3 brins d'aneth
- 4 cuil. à soupe d'amandes effilées
- 2 cuil. à soupe d'huile d'olive
- 1 cuil. à soupe d'huile d'amande ou de noix
- 1 cuil. à soupe de vinaigre de vin
- Sel et poivre du moulin

1. Pelez et râpez le radis noir. N'en utilisez que 300 g. Mélangez le vinaigre avec du sel et du poivre, puis incorporez les huiles. Lavez, séchez et ciselez les herbes.
2. Mélangez les 300 g de radis râpé, les herbes ciselées et la vinaigrette. Dressez dans les assiettes et saupoudrez d'amandes effilées.

 Ajoutez quelques gouttes d'huile de truffe blanche pour parfumer cette salade.

 *Salade de céleri-rave aux herbes et aux amandes.* Remplacez le radis noir par du céleri-rave.

LES tartines, LES sandwichs ET LES terrines

Tartelettes de chèvre
aux champignons 103

Pans-bagnats à ma façon 104

Tartines ricotta-rucola 106

Tartines campagnardes
de sardines aux pommes vertes 107

Tartines de bar au pistou de noix 109

Sandwichs moelleux
au saumon fumé 110

Pan tomaquet au jambon de Bayonne 111

Terrine de fromage aux deux figues 112

Foie gras au sel et aux épices 114

Timbales de truite fumée à l'avocat 116

Terrine de lisettes à l'estragon 117

Tartelettes de chèvre aux champignons

Ni feuilletée, ni brisée, la pâte est ici faite de chèvre frais façonné en disques et pané dans la poudre d'amande. La ligne y gagne. Et vous, vous remportez la palme de la cuisinière la plus imaginative !

Préparation 20 min
Réfrigération 4 h
Conservation
- 12 h au frais, couvert d'un film alimentaire.

Pour 4 personnes
- 300 g de chèvre très frais
- 50 g de beurre demi-sel
- 1/2 cuil. à café de noix muscade râpée
- 1/2 bouquet de persil plat
- 4 gros champignons de Paris
- 100 g de poudre d'amande
- 1 cuil. à soupe de jus de citron
- 2 cuil. à soupe d'huile d'amande
- 1 cuil. à soupe d'huile de pépins de raisin
- Sel et poivre du moulin

1. Sortez le beurre et le chèvre du réfrigérateur 1 h à l'avance. Lavez, essorez et ciselez le persil. Écrasez le beurre pour obtenir une pommade souple. Mélangez intimement le beurre et le fromage. Ajoutez la noix muscade, le persil (en garder un peu) et poivrez généreusement. Mélangez à nouveau.

2. Étalez le chèvre en 4 disques ronds et égaux sur des petites assiettes humides, lissez et entreposez 4 h au frais.

3. Lavez, séchez et coupez les pieds des champignons. Émincez les chapeaux en fines lamelles. Fouettez 2 cuil. à soupe d'huile d'amande avec 1 cuil. à soupe d'huile de pépins de raisin et 1 cuil. à soupe de jus de citron. Salez, poivrez et versez sur les champignons posés bien à plat.

4. Sortez les disques du froid. Décollez-les avec une fine spatule et passez-les dans la poudre d'amande pour les paner entièrement. Couvrez-les de lamelles de champignons en les faisant se chevaucher légèrement. Salez, poivrez, saupoudrez de persil haché et versez un peu de marinade. Servez sans attendre.

 Parsemez les tartes de cèpes secs hachés très finement.

 Remplacez les champignons de Paris par des cèpes bien fermes.

Pans-bagnats à ma façon

Le pan-bagnat est à la Provence ce que la paella est à l'Espagne, la recette fourre-tout qui s'accommode de tout ce que recèle le réfrigérateur (thon, œufs durs, viande, anchois...). Raison de plus pour y mettre ce que l'on aime. Deux éléments sont incontournables : l'huile d'olive et les tomates. Faut que ça « jute »...

Préparation 15 min
Repos 10 min
Conservation
- 3 ou 4 h au frais, entourés d'un linge.

Pour 4 personnes
- 4 pains à pan-bagnat (petits pains ronds)
- 2 tomates fermes mais mûres
- 100 g de pissenlits
- 3 brins de basilic
- 1 cuil. à soupe de jus de citron
- 12 olives noires de Nice
- 4 bonnes cuil. à soupe de mayonnaise
- 2 bonnes pincées de noix muscade râpée
- 6 tranches de tomates séchées à l'huile
- Sel et poivre du moulin

1. Lavez et essorez les pissenlits. Déchirez grossièrement les feuilles. Lavez, séchez et découpez les tomates en rondelles d'1,5 cm d'épaisseur. Lavez, séchez et ciselez les feuilles de basilic. Dénoyautez les olives et hachez-les. Mélangez-les avec la mayonnaise, le jus de citron et un peu de noix muscade râpée.

2. Coupez les tomates séchées en fines lamelles. Coupez les pans-bagnats en deux et étalez 1/2 cuil. à soupe d'huile des tomates séchées sur chaque face.

3. Sur 4 demi-pans, posez des rondelles de tomates fraîches, salez, poivrez et badigeonnez-les de mayonnaise. Parsemez de basilic ciselé, couvrez de feuilles de pissenlits en les faisant déborder, arrosez avec un peu d'huile des tomates séchées. Déposez quelques lamelles de tomates séchées et refermez les pans. Laissez reposer les pans 10 min à température ambiante avant de les servir pour qu'ils soient plus moelleux.

Préparez vous-même votre mayonnaise ou achetez-la au rayon frais, en pot de verre. Elle est nettement meilleure qu'en conserve.

Remplacez les tomates séchées par des **artichauts** à la romaine émincés et les olives par des **anchois**.

Tartines ricotta-rucola

L'amertume de la roquette et l'onctuosité de la ricotta font de ce sandwich un apéritif ou un en-cas délicat. Privilégiez les jeunes feuilles de roquette, moins amères et moins fibreuses que les grandes.

Préparation 10 min

Conservation
- Vous pouvez conserver la crème de roquette au frais en la couvrant d'un filet d'huile d'olive et en la tartinant au dernier moment.

Pour 4 personnes
- 4 grandes tranches fines de pain de campagne bien frais
- 100 g de ricotta
- 100 g de roquette
- 8 cerneaux de noix
- 2 cuil. à soupe d'huile de noix
- 1 pincée de sucre en poudre
- Sel

1. Lavez et essorez la roquette. Coupez les plus grosses tiges. Hachez les 3/4 des feuilles au robot, ajoutez la ricotta, 1 cuil. à soupe d'huile de noix, le sucre en poudre et un peu de sel.

2. Ôtez la croûte du pain, tartinez du mélange précédent. Parsemez de noix concassées. Mélangez le reste de

roquette avec 1 cuil. à soupe d'huile de noix, salez légèrement et décorez les tartines avec cette salade. Servez sans attendre.

Vous pouvez remplacez les noix par des pignons.

Tartines ricotta-pissenlits. Remplacez la roquette par des pissenlits.

Tartines ricotta-cresson. Remplacez la roquette par du cresson.

Tartines chèvre frais-roquette. Remplacez la ricotta par du chèvre frais.

Tartines chèvre frais-pissenlits. Remplacez la ricotta par du chèvre frais et la roquette par des pissenlits.

Tartines chèvre frais-cresson. Remplacez la ricotta par du chèvre frais et la roquette par du cresson.

Tartines campagnardes de sardines aux pommes vertes

Le mariage des pommes et des sardines peut paraître antinomique. L'acidité des granny-smith relève pourtant à merveille les sardines à l'huile, et remplace avantageusement le traditionnel filet de citron. Un conseil : préparez une grande quantité de rillettes de sardines, vous pourrez les proposer le lendemain à l'apéritif avec des tartines grillées.

Préparation 10 min

Conservation
- Vous pouvez conserver le beurre de sardines 3 à 4 jours au frais, couvert d'un film alimentaire.

Pour 4 personnes
- 1/2 pain de campagne type Poilâne
- 200 g de sardines à l'huile
- 1 pomme verte
- 1 citron

Le pain tartiné se garde au frais 2 ou 3 h et les bâtonnets de pomme se conservent dans un saladier d'eau froide bien citronnée.

- Quelques brins de menthe
- 50 g de beurre ramolli
- 1 filet d'huile d'olive
- 1 cuil. à café de Worcestershire sauce
- 1 pointe de piment de Cayenne
- Sel et poivre du moulin

1. Égouttez les sardines et ôtez les arêtes. Écrasez-les à la fourchette avec le beurre ramolli. Ajoutez la Worcestershire sauce, le piment de Cayenne et 1 cuil. à soupe de jus de citron, salez, poivrez et mélangez.

2. Taillez 4 tranches de pain de campagne pas trop épaisses (1 cm environ). Arrosez-les d'un filet d'huile d'olive, puis tartinez-les de beurre de sardines et taillez 4 ou 5 lamelles dans la largeur.

3. Lavez la pomme, coupez-la en quartiers et taillez-les en bâtonnets. Déposez-les sur les tartines, arrosez d'un filet de citron et décorez de menthe ciselée. Donnez un tour de moulin à poivre et servez sans attendre.

 Pour relever le goût du beurre de sardines, vous pouvez ajouter 1/2 échalote hachée très finement ou 1 cuil. à café de pâte d'anchois.

 ***Tartines campagnardes de thon aux pommes vertes.***
Remplacez les sardines par du thon à l'huile d'olive.

Tartines de bar au pistou de noix

Une interprétation personnelle du célèbre pain aux noix grillé au bar cru de Paul Minchelli. Le pistou croquant apporte une petite note pointue au poisson et fait de ces tartines une entrée parfaite si vous les servez avec une salade de cresson ou d'herbes fraîchement cueillies (voir recette p. 64).

À commencer la veille
Préparation 15 min
Conservation
- 5 ou 6 h au frais.

Pour 4 personnes
- 4 petits pains aux noix individuels
- 600 g de bar en filets
- 1 belle gousse d'ail
- 2 brins de basilic
- 50 g de cerneaux de noix
- 4 cuil. à soupe d'huile d'olive
- Sel et poivre du moulin

1. La veille, coupez les pains en tranches fines dans la largeur et retirez la moitié de la croûte. Laissez sécher à l'air libre 12 à 24 h.
2. Le jour même, placez le poisson au congélateur pour l'affermir. Pendant ce temps, pelez et pressez l'ail. Hachez finement les noix. Mélangez l'ail, les noix hachées, l'huile d'olive, du sel et du poivre. Lavez, séchez et ciselez le basilic.
3. Sortez le poisson du congélateur et coupez-le en dés de 1 cm de côté, puis mélangez-le au pistou de noix et au basilic ciselé. Arrosez le pain d'un filet d'huile d'olive et répartissez le tartare sur ces tartines.
4. Servez bien frais.

UN CONSEIL Demandez à votre poissonnier de retirer la peau des filets.

 **VARIANTES**
Tartines de turbot au pistou de noix. Remplacez le bar par du turbot.

Tartines de dorade au pistou de noix. Remplacez le bar par de la dorade.

Sandwichs moelleux au saumon fumé

Sachez que je vous livre ici la recette de mon casse-croûte favori. Le saumon s'étale sur la mayonnaise, écrasant la tomate qui lâche son jus sur les oignons, eux-mêmes chahutés par les pointes d'aneth… à hurler de plaisir. Voilà enfin une vraie bonne raison de prendre le train. Petite recommandation : mettez les rondelles de tomates avec leurs pépins et leur jus et ne soyez pas chiche sur la mayo. Moelleux, on vous dit !

Préparation 10 min

Conservation
- 5 à 6 h, bien emballés dans du film alimentaire et, idéalement, conservés au frais.

Pour 4 personnes
- 8 tranches de pain de mie anglais pour sandwich
- 4 tranches de saumon fumé (4 x 40 g environ)
- 100 g de mayonnaise au citron
- 1/2 oignon rouge
- 2 petites tomates fermes
- 2 brins d'aneth
- Sel et poivre du moulin

1. Émincez les tomates et l'oignon en fines rondelles. Retirez la croûte du pain.

2. Étalez une couche de mayonnaise sur chaque tranche de pain. Couvrez la moitié du pain avec les tranches de saumon, des rondelles d'oignon et de tomates. Salez, poivrez et répartissez l'aneth ciselée. Recouvrez avec l'autre tranche de pain et pressez légèrement.

 Pour une présentation plus raffinée et une dégustation plus aisée, coupez les sandwichs en deux en biais.

 Remplacez la mayonnaise par du **fromage frais** et le pain de mie par du **pain aux céréales**.

Pan tomaquet au jambon de Bayonne

Ce plat rustique est l'une des plus vieilles recettes espagnoles. Si l'on peut parler de recette... Il s'agit plutôt de ramollir des morceaux de pain de campagne rassis en les trempant dans la pulpe de tomate avant de les couvrir de jambon. Régressif en diable !

Préparation 10 min

Conservation
- Conservez la sauce 48 h au frais.

Pour 6 personnes
- 1 baguette de campagne un peu rassie
- 6 tranches fines de jambon de Bayonne
- 6 tomates
- 2 gousses d'ail
- 3 cuil. à soupe d'huile d'olive
- Sel et poivre du moulin

1. Lavez et essuyez les tomates. Épluchez et écrasez ou pressez les gousses d'ail. Mixez les tomates avec l'ail.

Ajoutez l'huile d'olive, du sel et du poivre. Versez dans une assiette creuse. Disposez les tranches de jambon sur une assiette plate.

2. Posez l'assiette de sauce au centre de la table. Chacun trempera son morceau de baguette côté mie dans la sauce et déposera 1 tranche de jambon dessus.

UN CONSEIL Pour parfaire votre sauce, passez-la au travers d'une passoire pour retirer les pépins.

UNE VARIANTE Coupez les tomates et les gousses d'ail en deux. Chacun en frottera son pain et l'arrosera d'huile d'olive à sa guise.

Terrine de fromage aux deux figues

Elle est bien jolie, cette terrine, alternant les couches de fromage bleu, blanc et les fruits frais. Je confesse qu'elle n'est pas très facile à trancher, l'absence de gélatine la rendant dangereusement souple. Pour bien vous acquitter de cette tâche, utilisez un couteau à lame fine et trempez-le dans l'eau chaude avant l'étape du découpage.

Préparation 20 min
Repos au frais 12 h
Conservation
- 3 à 4 jours au frais.

Pour 6 personnes
- 300 g de gorgonzola
- 250 g de ricotta
- 4 figues sèches (50 g)
- 4 figues fraîches
- 1 cuil. à soupe d'huile de noix
- 1 cuil. à soupe d'huile d'olive
- 40 g de cerneaux de noix
- 1 bonne pincée de noix muscade râpée
- Sel et poivre du moulin

1. Coupez les figues sèches en morceaux. Dans un saladier, travaillez à la fourchette le gorgonzola avec les morceaux de figues sèches, l'huile d'olive et du poivre. Dans un autre saladier, mélangez la ricotta avec les noix concassées, la noix muscade, du sel, du poivre et l'huile de noix. Lavez, essuyez et coupez chaque figue fraîche en 4 lamelles dans le sens de la hauteur.

2. Dans le fond d'une terrine huilée, disposez la moitié des lamelles de figues fraîches en une seule couche. Étalez la préparation au gorgonzola. Couvrez avec le reste de figues et terminez par le mélange à la ricotta. Couvrez avec du film alimentaire et placez au frais 12 h au moins.

3. Démoulez après avoir passé la lame d'un couteau le long des parois. Servez en tranches avec une salade de mâche à l'huile de noix et au citron.

 Plongez le moule très brièvement dans l'eau bouillante pour démouler plus facilement.

 Utilisez de la **brousse** à la place de la ricotta, remplacez le gorgonzola par du **bleu des Causses** ou du **chèvre** frais.

Foie gras au sel et aux épices

Une de mes recettes favorites. Le plus délicat dans la préparation du foie gras reste incontestablement la cuisson. Maîtriser la température de votre terrine n'est pas chose aisée et quelques minutes de trop peuvent anéantir la finesse de votre foie. Ici, le problème est résolu simplement : pas de cuisson, ou plutôt, une cuisson au sel, qui, de plus, n'est pas à quelques heures près. Pas besoin de four, vous pouvez improviser un repas de fête sous la tente, en bateau ou en caravane. De la (grande) cuisine sauvage.

Préparation 40 min
Marinade 24 h
Repos au frais 12 h
Conservation
- 1 semaine, couvert d'un film alimentaire.

Pour 6 à 8 personnes
- 1 foie gras de canard de 500 à 600 g
- 50 cl de lait
- 1 cuil. à café de cannelle
- 1/2 cuil. à café de gingembre en poudre
- 2 capsules de cardamome
- 3 clous de girofle
- 1/4 de cuil. à café de muscade râpée
- 1 kg de gros sel de mer
- Poivre du moulin

Et aussi
- 2 compresses (ou gazes) médicales

1. Faites dégorger le foie 30 min dans le lait en le retournant plusieurs fois. Pendant ce temps, mélangez le gros sel et les épices. Égouttez et séchez délicatement le foie. Séparez les 2 lobes et retirez les plus grosses veines. Reformez le foie gras et poivrez-le généreusement.

Enfermez-le bien serré dans une gaze, puis dans une autre.

2. Versez un peu de sel aux épices dans le fond d'un petit saladier. Posez le foie dessus et couvrez avec le reste de sel épicé. Placez au frais et laissez reposer 24 h au maximum.

3. Videz le sel (ou gardez-le pour votre prochain foie gras). Retirez la gaze et frottez pour éliminer toute trace de sel. Placez le foie dans une petite terrine et tassez bien. Laissez reposer 12 h au frais.

4. Démoulez et servez coupé en tranches avec du pain grillé.

 – Pour une saveur plus ronde, ajoutez 50 g de sucre dans le mélange sel-épices.

– Si vous trouvez le foie trop salé, ne mettez pas moins de sel la prochaine fois mais laissez-le mariner moins longtemps.

 Vous pouvez préparer cette recette sans épices.

Timbales de truite fumée à l'avocat

Une entrée délicate qui doit être servie bien froide, presque frappée. Si vous êtes d'humeur aventureuse, ajoutez quelques dés d'orange dans la préparation aux avocats.

Préparation 30 min
Repos au frais 6 h
Conservation
- 24 h au maximum.

Pour 6 personnes
- 250 à 300 g de truite fumée en tranches fines
- 2 avocats
- 1 petite boîte d'œufs de saumon
- 2 brins d'aneth
- 2 cuil. à soupe de jus de citron vert
- 1 grosse cuil. à soupe de moutarde en grains
- 1 cuil. à soupe de crème fraîche
- Sel et poivre du moulin

1. Réservez 6 belles tranches de truite fumée et coupez le reste en lanières. Écrasez la chair des avocats avec le jus de citron vert, la crème fraîche et la moutarde. Ajoutez l'aneth ciselée, les lanières de truite, salez peu et poivrez. Mélangez bien et ajoutez délicatement les œufs de saumon.

2. Huilez 6 ramequins et tapissez-les avec les tranches de truite fumée (elles doivent dépasser largement des ramequins). Remplissez les ramequins de crème à l'avocat et rabattez la truite sur le dessus. Placez au frais 6 h au moins. Démoulez dans les assiettes et servez avec une salade d'herbes (voir recette p. 64).

 Si vous êtes pressé, utilisez une base de guacamole tout prêt.

 **Timbales de saumon fumé à l'avocat.** Remplacez les œufs de saumon par des dés de **tomates**, de **concombre** ou de **pomme** et la truite par du saumon fumé.

Terrine de lisettes à l'estragon

On a tendance à ignorer la lisette, ce poisson du pauvre, dont la chair fine et serrée se situe entre le maquereau et la sardine. Cette terrine qui ne se démoule pas est le premier plat que je prépare au début de l'été, dès que nous investissons notre maison de vacances. Une fois « entérinées », les lisettes pourront être picorées à chaque repas, histoire d'éveiller les appétits et de rappeler à tous l'étendue de vos talents culinaires.

Préparation 30 min

Marinade 24 h

Conservation
- Égouttez les filets, couvrez-les d'un filet d'huile et conservez au frais 1 semaine.

Pour 6 personnes
- 1,2 kg de lisettes
- 3 échalotes
- 1 carotte
- 2 brins d'estragon
- 2 cuil. à soupe de câpres au vinaigre
- 4 cuil. à soupe de vinaigre de vin
- 15 cl d'huile d'olive
- 1 cuil. à soupe de sucre en poudre
- 1 cuil. à soupe de gros sel
- 1 cuil. à soupe de poivre en grains et baies mélangées

1. Pelez et râpez la carotte, épluchez et émincez les échalotes. Hachez grossièrement l'estragon. Dans un grand bol, mélangez bien le vinaigre, les échalotes, la carotte, les câpres, le sucre en poudre, le gros sel, l'estragon haché et l'huile d'olive.
2. Écaillez les lisettes en les passant sous un filet d'eau froide. Séparez la tête du corps. Tirez délicatement pour entraîner les entrailles et détachez les filets de l'arête.
3. Dans une terrine, déposez une couche de lisettes et arrosez de marinade. Continuez l'opération jusqu'à épuisement des ingrédients. Placez au réfrigérateur et laissez mariner 24 h. Sortez du réfrigérateur 2 h avant de servir et présentez tel quel, dans la terrine. Chacun piochera à sa guise.

Servez avec une salade de pommes de terre aux herbes et au vinaigre.

Terrine de sardines à l'aneth. Remplacez les lisettes par des sardines, les câpres par des cornichons et l'estragon par de l'aneth.

Terrine d'anchois à l'aneth. Remplacez les lisettes par des anchois, les câpres par des cornichons et l'estragon par de l'aneth.

LES SOUPES, LES crèmes ET LES veloutés

Soupe de tomate aux fraises 121

Velouté de concombre
au lait de brebis 122

Ceviche de cabillaud aux deux citrons 123

Soupe de concombre au yaourt 125

Crème glacée d'avocat
aux œufs de saumon 126

Soupe fraîche de melon vert 127

Soupe de tomate aux fraises

Je vous vois venir : des tomates avec des fraises... Décidément, où va la cuisine française ? Et bien sachez que je tiens l'idée de cette association du très étoilé Alain Passard (l'Arpège à Paris), qui m'avait confié entre deux services qu'il ne préparait jamais un gaspacho sans y mettre une pointe de fraise, pour compenser l'acidité de la tomate. Personnellement, j'ai choisi d'ajouter une petite crème d'avocats, dont la douceur fait parfaitement la transition entre les deux fruits.

Préparation 15 min

Conservation
- Pas plus de quelques heures au frais, sinon les légumes commencent à fermenter.

Pour 4 personnes
- 4 tomates moyennes
- 250 g de fraises
- 2 avocats
- 1/2 citron (jus)
- 2 brins de menthe
- 12 amandes décortiquées
- 1 cuil. à soupe d'huile d'olive
- 1 cuil. à soupe de vinaigre balsamique
- 1 cuil. à café de moutarde
- 2 bonnes pincées de piment de Cayenne
- Sel et poivre blanc du moulin

1. Lavez, puis équeutez les fraises. Pelez, épépinez et concassez les tomates. Mixez le tout jusqu'à la consistance d'une crème. Ajoutez l'huile d'olive, le vinaigre balsamique, le piment de Cayenne, un peu de sel et du poivre. Mélangez, versez dans des bols et entreposez au réfrigérateur.

2. Videz la chair des avocats et mixez-la avec une dizaine de glaçons, le jus de citron, les feuilles de menthe et la moutarde. Salez, poivrez généreusement et versez au centre des bols.

3. Concassez les amandes et répartissez-les sur la soupe. Servez aussitôt.

 Choisissez des avocats bien mûrs pour qu'ils s'écrasent facilement.

 Remplacez les tomates fraîches par du jus de tomate en bouteille.

Velouté de concombre au lait de brebis

On a très souvent tendance à associer le lait avec la vache. Certes, c'est assez légitime. On oublie, toutefois, que la brebis produit également du lait dont la saveur fine et légèrement aigrelette est plus prononcée que celle du lait de vache. Il a également le mérite d'être plus digeste et moins riche en cholestérol. Avec le concombre, c'est une vraie rencontre de saveurs, mais pour le chocolat chaud du p'tit dèj, c'est à voir...

Préparation 10 min
Repos au frais 3 h
Conservation
- 24 h au frais, couvert d'un film alimentaire.

Pour 4 personnes
- 25 cl de lait de brebis
- 3 concombres
- 1/2 citron (jus)
- 1 gousse d'ail
- 3 brins de menthe
- Sel et poivre du moulin

1. Pelez, épépinez et coupez les concombres en rondelles. Mixez-les avec l'ail pelé. Ajoutez le lait de brebis, le jus de citron et un peu de sel. Mélangez à nouveau. Placez au frais 3 h au moins.
2. Servez dans des assiettes creuses, donnez quelques tours de moulin à poivre et parsemez de feuilles de menthe hachées.

Remplacez un des concombres par une pomme verte pelée et vidée pour ajouter un petit goût acidulé.

Velouté de concombre au lait de vache. Remplacez le lait de brebis par du lait de vache entier.

Velouté de concombre au yaourt grec. Remplacez le lait de brebis par du yaourt grec.

Ceviche de cabillaud aux deux citrons

Une soupe qui n'en est pas une, à servir quand même dans des assiettes creuses. Le ceviche est une recette d'origine péruvienne, aujourd'hui répandue dans toute l'Amérique du Sud. Le principe est simple : on taille du poisson cru en cubes ou en lamelles et on le met à « cuire » quelques heures dans du jus de citron (le vert est plus parfumé). Après, c'est selon les goûts : ail ou oignon nouveau, poivron, tomates, gingembre, épices, herbes… Une recette à accommoder selon l'humeur de votre placard, sauf pour le poisson qui, lui, doit avoir été acheté le jour même. Un conseil : évitez le surgelé, trop mou et plus fade, surtout quand il est servi cru.

Préparation 20 min
Marinade 2 h
Conservation

- Égouttez les morceaux de poisson et conservez-les 24 h au réfrigérateur.
- Au moment de les servir en entrée, détaillez-les en fines lamelles et arrosez les d'huile d'olive.

Pour 4 personnes

- 600 g de cabillaud en filets sans la peau
- 2 citrons verts (jus)
- 2 citrons jaunes (jus)
- 2 oignons nouveaux
- 1 gros oignon
- 10 tomates cerises
- 6 brins de coriandre
- 4 brins de persil plat
- 1 pincée de piment de Cayenne
- 1/2 cuil. à café de sucre en poudre
- Sel et poivre du moulin

1. Pressez le jus des citrons. Lavez, essuyez et coupez les tomates en deux. Videz-les et recoupez-les en deux. Lavez les oignons nouveaux et hachez-les finement avec un peu de leurs tiges. Épluchez et émincez le gros oignon. Lavez, séchez et ciselez les herbes.

2. Dans un grand saladier, mélangez les jus de citron, le sucre en poudre, la moitié des herbes ciselées, les oignons hachés et la pincée de piment.

3. Coupez le cabillaud en gros dés de 2 cm de côté. Placez-les dans le mélange au citron et mélangez bien. Salez généreusement et poivrez. Laissez mariner pendant 2 h au réfrigérateur (jusqu'à 6 h si vous n'aimez pas le poisson cru).

4. Avant de servir, ajoutez les dés de tomates à la ceviche, mélangez et rectifiez l'assaisonnement. Servez dans des assiettes creuses avec des cuillères à soupe et décorez avec les herbes ciselées restantes.

 Remplacez le cabillaud par du **bar** ou de la **lotte**.

Soupe de concombre au yaourt

On connaissait le tzatziki, spécialité grecque à base de concombre et de yaourt, le raita indien, destiné à calmer le feu des currys et dans lequel on peut aussi ajouter des dés de tomates. Voici, enfin, la soupe de concombre au yaourt, d'une honteuse facilité ! J'aime bien reprendre les ingrédients des recettes classiques et les interpréter autrement. Essayez : le carpaccio de canard aux olives, le tartare de saumon à l'oseille, la tomate farcie à la mozzarella. Moins de chance de se tromper tout en pouvant revendiquer une « création culinaire ».

Préparation 15 min
Repos au frais 2 h
Conservation
- Déconseillée.

Pour 6 personnes
- 6 pots de yaourt nature velouté (environ 700 g)
- 6 miniconcombres
- 1 grosse gousse d'ail
- 3 brins de menthe
- 1 cuil. 1/2 à café de graines de cumin
- 2 cuil. à café de sel fin
- 1/2 cuil. à café de poivre blanc moulu

Et aussi
- Un chinois ou une passoire fine

1. Pelez les concombres et coupez-les en morceaux. Pelez et écrasez ou pressez la gousse d'ail. Lavez, séchez et ciselez les feuilles de menthe.
2. Mixez le concombre avec le yaourt, l'ail, le sel, le poivre, les graines de cumin et la moitié de la menthe ciselée. Passez le tout au chinois. Mettez au frais 2 h au moins.
3. Avant de servir, décorez avec le reste de menthe ciselée.

UN CONSEIL Les petits concombres n'ont presque pas de graines. Si vous n'en trouvez pas, utilisez 1 gros concombre pelé et égrainé.

UNE VARIANTE Utilisez du yaourt grec et remplacez le cumin par des graines de **coriandre** concassées.

Crème glacée d'avocat aux œufs de saumon

Ce n'est pas pour faire une pirouette que j'ai appelé cette soupe « crème glacée ». Il est important qu'elle soit servie très froide pour être onctueuse et digeste à la fois. Choisissez bien vos avocats, ils doivent être bien mûrs pour s'écraser facilement. Au fait, savez-vous comment on juge du mûrissement d'un avocat? Tâtez-le à la pointe, si votre doigt s'y enfonce légèrement, c'est qu'il est mûr. Sinon, emballez-le quelques jours dans du papier journal. Il mûrira plus vite ainsi.

Préparation 10 min
Repos au frais 2 h
Conservation
- 24 h au frais

Pour 4 personnes
- 3 avocats
- 1/2 citron (jus)
- 3 brins d'aneth
- 50 g d'œufs de saumon
- 1 pot de yaourt nature velouté (125 g)
- 1 trait de Tabasco
- Sel.

1. Mixez ensemble la chair de 2 avocats, le jus de citron, le yaourt, le Tabasco et du sel. Ajoutez progressivement 70 cl d'eau et rectifiez l'assaisonnement. Versez dans un saladier et placez au frais 2 h au moins.

2. Versez dans des assiettes creuses. Coupez le dernier avocat en petits dés et répartissez-les dans les assiettes ainsi que les œufs de saumon. Parsemez de pluches d'aneth.

 Mélangez rapidement la chair de l'avocat au jus de citron pour éviter qu'elle noircisse.

 **Crème glacée d'avocat au saumon fumé.** Remplacez les œufs de saumon par du saumon fumé.

Soupe fraîche de melon vert

On ne sait jamais trop quoi faire de ces melons d'Espagne, plus juteux mais moins parfumés que les charentais. En soupe, cela fait une entrée raffinée et très légère qui peut être préparée à l'avance.

Préparation 10 min
Conservation
- 12 h au frais.

Pour 4 personnes
- 1 beau melon vert (ou d'Espagne)
- 2 pots de yaourts bulgares (250 g)
- 2 brins de menthe
- 1/2 citron vert (jus)
- 3 pincées de noix muscade râpée
- 1 cuil. à soupe rase de miel liquide
- Sel

1. Coupez le melon en deux, épépinez-le et recueillez la chair avec une cuillère à soupe. Laissez égoutter 5 min cette chair dans une passoire, puis placez-la dans le bol du robot. Ajoutez les yaourts, le jus de citron vert, le miel, la noix muscade râpée et un peu de sel (pas trop). Mixez jusqu'à l'obtention d'un velouté bien lisse.

2. Ciselez très finement les feuilles de menthe et incorporez-en la moitié au velouté. Réservez au frais jusqu'au moment de servir, répartissez dans des bols et décorez avec le reste de menthe ciselée.

 Vous pouvez également proposer cette soupe à l'apéritif.

 Remplacez le miel par du **sucre glace**.

LES hachés

Tartare de thon aux poires et au sésame 131

Tartare d'artichauts au parmesan 132

Tartare de tomates à la menthe 134

Tartare de bœuf à la thaïe 135

Tartare de poissons au gingembre 136

Tartare d'asperges sauvages aux pignons et aux abricots 138

Tartare de mozzarella aux câpres 139

Tartare d'espadon au poulet fumé 140

Tartare de dorade aux pommes vertes 142

Boulettes d'agneau au blé 143

Tartare de saucisson 145

Tartare de noix de Saint-Jacques au jambon serrano 146

Tartare de poulet aux noix et aux raisins 147

Champignons farcis au tartare de jambon cru 148

Tartare de thon aux poires et au sésame

Une recette imaginée après un dîner dans un restaurant coréen (Woo-Jung à Paris) où j'avais découvert le tartare de bœuf au sésame et aux poires ! Une association subtile que j'eus envie de préparer avec du thon, le plus carné des poissons.

Préparation 20 min

Conservation
- Vous pouvez conserver ce tartare quelques heures au frais, mais il est meilleur si vous le servez juste après l'avoir préparé.

Bon à savoir
- Vous pouvez acheter la sauce Hoisin dans des épiceries asiatiques.

Pour 4 personnes
- 400 g de filet de thon rouge
- 1 poire mûre à point
- 1/2 citron (jus)
- 2 brins de coriandre
- 1 cuil. à soupe de graines de sésame grillées
- 1 cuil. à soupe d'huile de sésame
- Quelques gouttes de sauce Chili ou Tabasco
- 1 cuil. à soupe de sauce soja
- 1 cuil. à café de sauce Hoisin

1. Placez le filet de thon au congélateur 20 min pour qu'il se raffermisse. Pelez la poire et coupez la chair en dés de 1 cm de côté. Citronnez-les et réservez-les au frais. Dans un bol, mélangez la sauce soja, la sauce Hoisin, le Tabasco ou Chili et l'huile de sésame.

2. Retirez les parties noirâtres du thon et coupez-le en dés un peu plus gros que ceux de la poire.

3. Mélangez les dés de thon avec la sauce, la coriandre ciselée et la moitié des graines de sésame. Disposez en dôme dans

les assiettes. Creusez un puits et remplissez-le de dés de poire. Parsemez des graines de sésame restantes et servez immédiatement. Accompagnez d'une salade de cresson assaisonnée au citron, sauce soja, ail et huile d'olive.

 Pour un goût plus acidulé, remplacez la sauce soja par de la sauce d'huîtres et salez légèrement le tartare.

 Tartare de thon blanc aux poires et aux noisettes. Remplacez le thon rouge par du thon blanc, le sésame par des **noisettes** pilées et la sauce Hoisin par de la Savora.

Tartare d'espadon aux poires et aux noisettes. Remplacez le thon rouge par de l'espadon, le sésame par des **noisettes** pilées et la sauce Hoisin par de la Savora.

Tartare d'artichauts au parmesan

Une entrée surprenante qui séduira même les obsédés des régimes. La préparation des artichauts est un coup de main facile à prendre, mais je souhaite vous épargner un désagrément : prévoyez des gants de cuisine avant de vous lancer dans l'épluchage car ces petits légumes délicats noircissent diablement les doigts.

Préparation 20 min

Conservation
- Ajoutez un trait de citron et conservez ce tartare, couvert d'un film alimentaire et au frais 24 h au maximum.

Pour 6 personnes
- 6 artichauts violets (ou poivrades)
- 4 gros champignons de Paris couleur crème
- 3 poignées de roquette
- 3 brins de basilic
- 2 citrons 1/2 (jus)

Bon à savoir
- Retirez le foin des artichauts en grattant avec la pointe d'un couteau.

- 50 g de parmesan en morceau (Reggiano ou Grana)
- 3 cuil. à soupe d'huile d'olive
- 1 bonne cuil. à soupe de vinaigre balsamique
- Fleur de sel
- Poivre du moulin

1. Pressez le jus de 2 citrons, versez-le dans un bol et ajoutez 2 verres d'eau. Débarrassez les artichauts de leurs feuilles extérieures, jusqu'à ce qu'il ne reste plus de vert. Cassez la queue à 2 cm de la base et pelez-la légèrement. Coupez la pointe des feuilles. Plongez les artichauts dans l'eau citronnée au fur et à mesure que vous les préparez.

2. Lavez les champignons, séchez-les, coupez les queues à ras et débitez les chapeaux en petits dés. Arrosez-les du jus du demi-citron restant et versez-les dans le saladier. Taillez le parmesan en gros copeaux, puis brisez-les en petits morceaux. Lavez, séchez et ciselez très finement la roquette et les feuilles de basilic.

3. Égouttez les artichauts et émincez-les en fines lamelles, recoupez chaque lamelle en petits morceaux et versez-les dans le saladier sur les dés de champignons, arrosez d'huile d'olive et de vinaigre balsamique. Mélangez, ajoutez les morceaux de parmesan, la roquette et le basilic ciselés, mélangez à nouveau, salez, poivrez et servez sans attendre.

Tartare d'artichauts au comté. Remplacez le parmesan par du comté.

Tartare d'artichauts au chèvre. Remplacez le parmesan par du chèvre bien sec.

Tartare de tomates à la menthe

La preuve que les tartares ne sont pas interdits aux végétariens. Cette recette ne demande aucun effort particulier, si ce n'est d'être exigeant sur la qualité des produits : olives de Nice ou de Nyons, huile d'olive extra-vierge bien parfumée et, bien sûr, de vraies tomates, achetées à la saison des tomates, c'est-à-dire de mai à octobre. L'hiver, vous serez privé de tartare et les tomates seront en conserve, bonnes à mijoter. Les saisons, ça ne se discute pas.

Préparation 10 min
Conservation
- 1 journée au frais.

Pour 4 personnes
- 6 belles tomates mûres mais fermes
- 12 olives noires de Nyons
- 1 grosse échalote
- 3 brins de menthe
- 5 petits cornichons au vinaigre ou 1 gros
- 2 cuil. à soupe d'huile d'olive
- 1 bonne pincée de sucre en poudre
- Fleur de sel et poivre du moulin

1. Lavez et essuyez les tomates. Coupez-les en deux et ôtez les graines. Coupez la pulpe des tomates, les olives dénoyautées, l'échalote pelée et les cornichons en petits dés de 0,5 cm de côté. Ajoutez l'huile d'olive, le sucre en poudre et mélangez le tout.

2. Parsemez de menthe ciselée, salez et poivrez, mélangez à nouveau et servez.

 Accompagnez de tranches de pain de campagne que vous aurez frottées avec de l'ail et arrosées avec le jus des tomates.

VARIANTES Vous pouvez remplacez les olives par des **anchois**. Pour ajouter une petite note pointue, versez quelques gouttes de vinaigre balsamique avant de servir.

Tartare de tomates au basilic. Remplacez la menthe par du basilic.

Tartare de bœuf à la thaïe

Il fallait bien que je vous offre une recette chipée à Thiou, ma copine chef thaïe désormais célèbre — et à juste titre. Dans son restaurant parisien elle n'hésite pas à proposer des aliments crus (crevettes marinées, saumon à la thaïe...), copieusement relevés de sauces et d'épices. Ce tartare est la version non cuite d'un plat thaïlandais traditionnel, le laab, sorte de hachis de viande à peine cuit. J'ai goûté un jour avant qu'il ne file dans la poêle et j'ai trouvé ça presque meilleur. À vous de choisir !

Préparation 15 min

Conservation
- Une fois la viande coupée en dés et assaisonnée, je vous conseille de servir le tartare immédiatement.

Pour 4 personnes
- 400 g de cœur de rumsteck
- 1 échalote
- 2 tiges de citronnelle fraîche
- 1/2 bouquet de menthe
- 1/2 citron vert (jus)
- 30 g de cacahuètes décortiquées mais non salées
- 2 cuil. à soupe de nuoc-mâm
- 1/2 cuil. à café de Chili en poudre
- 1/2 cuil. à café de sucre en poudre
- Sel et poivre du moulin

1. Épluchez et émincez finement l'échalote. Lavez, séchez et ciselez finement les feuilles de menthe. Lavez, émincez la citronnelle en fines rondelles. Faites dissoudre le sucre dans le jus de citron vert.
2. Coupez le bœuf au couteau en dés de 0,5 cm de côté. Placez les dés de viande dans un saladier, ajoutez la menthe ciselée, l'échalote émincée, les rondelles de citronnelle, le Chili, le jus de citron sucré, le nuoc-mâm, goûtez et rectifiez l'assaisonnement.
3. Concassez les cacahuètes et parsemez-les sur le tartare. Servez sans attendre.

 Évitez d'acheter de la viande hachée, votre tartare doit avoir de la « mâche ».

 Si vous ne trouvez pas de citronnelle fraîche, remplacez-la par le zeste haché d'1/2 **citron vert**.

Tartare de poissons au gingembre

Il est parfois bon de se rappeler ses classiques. Un tartare tout simple et bien relevé peut constituer une bonne approche de la cuisine du cru.

Préparation 15 min
Conservation
- Quelques heures au frais si vous n'avez pas ajouté le citron.

Pour 6 personnes
- 300 g de filet de saumon
- 300 g de filet de thon rouge
- 300 g de filet de daurade royale
- 2 cuil. à café rase de racine de gingembre râpée
- 2 cuil. à café de jus de citron vert
- 1 grosse cuil. à soupe de ciboulette ciselée
- 1 jaune d'œuf
- 1/2 cuil. à café de moutarde forte
- 2 cuil. à soupe d'huile d'olive fruitée
- Sel et poivre du moulin

1. Hachez les poissons en tout petits dés. Pelez et râpez le gingembre à la grosse grille. Lavez, essuyez et ciselez la ciboulette. Mélangez tous les ingrédients sauf le jus de citron.
2. Ajoutez le jus de citron vert juste avant de servir, remuez délicatement et disposez dans les assiettes.

Demandez à votre poissonnier de retirer la peau des filets si ce n'est déjà fait.

Vous pouvez remplacer la daurade royale par du **bar** ou de la **rascasse**, le thon par de l'**espadon** ou du **maquereau**.

Tartare d'asperges sauvages aux pignons et aux abricots

J'ai beaucoup de mal à acheter des asperges sans manger la moitié de la botte en chemin. Le pire, c'est quand je suis coincée dans les embouteillages et que je vois les pointes fleuries dépasser du sac... D'autres attaquent la baguette, moi je craque sur les pointes d'asperges. Évidemment, je vous parle des vertes, fines et fraîches comme celles que l'on achète en plein été sur les marchés, pas des grosses blanches à tremper dans la sauce mousseline.

Préparation 15 min

Marinade 30 min

Conservation

- 24 h au frais, couvert d'un film alimentaire.

Bon à savoir

- L'asperge sauvage cultivée se différencie des autres asperges vertes par son extrême finesse et par sa pointe renflée en forme d'épi de blé.

Pour 4 personnes

- 500 g d'asperges sauvages
- 1/2 oignon rouge
- 40 g de pignons
- 5 abricots secs
- 3 cuil. à soupe d'huile de pignon ou de noix
- 1 cuil. à soupe de vinaigre de cidre
- Sel et poivre du moulin

1. Coupez les abricots en petits dés et faites-les gonfler dans un peu d'eau chaude. Lavez et ôtez le bout dur des asperges. Coupez les tiges en rondelles de 1 cm de large. Concassez grossièrement les pignons. Pelez et émincez finement le demi-oignon rouge. Fouettez le vinaigre avec l'huile, un peu de sel et de poivre.

2. Mélangez les rondelles d'asperges, l'oignon émincé, les pignons concassés et les abricots égouttés avec la vinai-

grette. Laissez reposer 30 min à température ambiante avant de servir.

 Si vous utilisez des asperges vertes non sauvages, pelez-les et coupez-les en rondelles de 0,5 cm de large.

 ***Tartare de courgettes aux pignons et aux raisins secs.*** Remplacez les asperges par des petites courgettes rondes et les abricots par des raisins secs.

Tartare de mozzarella aux câpres

Un tartare raffiné qui joue sur les contrastes : le croustillant du pain, l'onctuosité de la mozzarella, le goût pointu des câpres et la douceur de l'huile de noix. Si vous préparez ce tartare pour un grand nombre de convives, proposez les câpres à part, ce fruit (et oui) n'est malheureusement pas consensuel.

Préparation 20 min

Conservation
- Une fois le jus de citron ajouté au tartare, mieux vaut consommer ce dernier rapidement.

Pour 4 personnes
- 50 g de petits croûtons de pain nature
- 3 boules de mozzarella de bufflonne (450 g)
- 5 cuil. à soupe de câpres au sel
- 1/2 citron vert (jus)
- 3 brins de menthe
- 3 cuil. à soupe d'huile de noix
- 2 cuil. à soupe d'huile d'olive
- Sel et poivre blanc du moulin

1. Faites dessaler les câpres dans un peu de lait pendant 10 à 15 min. Égouttez la mozzarella et coupez-la en dés de 1 cm de côté. Lavez et séchez la menthe. Effeuillez et ciselez-la.
2. Dans un saladier, mêlez les dés de mozzarella, les câpres égouttées et rincées, les croûtons de pain, la menthe ciselée et les huiles. Salez, poivrez et mélangez délicatement.
3. Ajoutez le jus de citron vert, mélangez et servez à température ambiante.

 Choisissez une mozzarella un peu ferme pour la couper plus facilement.

 **Tartare de mozzarella aux olives noires.** Remplacez les câpres par des éclats d'olives noires.

Tartare d'espadon au poulet fumé

J'ai hésité à découper ce livre en deux parties : les plats « classiques » et les « audacieux ». Nul doute que cette recette aurait appartenu à la seconde partie, tant le mélange du poulet et du poisson peut paraître anachronique. On associe bien le thon et le lard fumé, alors pourquoi pas le poulet ?

Préparation 10 min
Marinade 30 min
Conservation
- Difficile de conserver ce tartare une fois le jus de citron ajouté, le poisson cuirait et le poulet perdrait sa saveur.

Pour 4 personnes
- 300 g d'espadon pris dans le filet
- 300 g de poulet fumé (en tranches épaisses)
- 1 échalote
- 2 brins de basilic
- 2 cuil. à soupe de jus de citron
- 1/2 cuil. à café de moutarde forte
- 4 cuil. à soupe d'huile d'olive fruitée
- Sel et poivre du moulin

1. Coupez l'espadon et le poulet en petits dés. Pelez et ciselez finement l'échalote. Mélangez les dés de volaille et de poisson et l'échalote ciselée, arrosez d'huile d'olive et laissez reposer 30 min au frais minimum.

2. Ajoutez la moutarde mélangée au jus de citron et au basilic ciselé. Salez, poivrez et remuez délicatement. Servez immédiatement avec une baguette de campagne croustillante.

 Vous pouvez également préparer ce plat en carpaccio en superposant des fines tranches de poulet et d'espadon et en arrosant de sauce à l'échalote.

 ***Tartare de thon blanc au poulet.*** Remplacez l'espadon par du thon blanc et le poulet fumé par du poulet cru. Ultra sophistiqué !

Tartare de dorade aux pommes vertes

La dorade possède une chair plutôt sèche (et peu calorique) qui gagne à être marinée plus longtemps que les autres poissons. Cela est valable lorsque vous vous apprêtez à la faire rôtir ou griller aussi bien que lorsque vous la proposez crue. Si vous avez le temps, arrosez d'huile vos dés de poisson 1 à 2 h avant d'ajouter les autres ingrédients.

Préparation 10 min
Repos au frais 10 min
Conservation
- Quelques heures, une fois la sauce ajoutée. Mélangez bien avant de (re)servir.

Pour 4 personnes
- 500 g de filets de dorade sans peau
- 1 pomme verte
- 2 petits oignons nouveaux
- 1 brin d'estragon
- 3 cuil. à soupe de jus de citron vert
- 2 cuil. à soupe de sauce soja
- 2 cuil. à soupe de vinaigre de riz
- 1 cuil. à soupe d'huile d'olive
- 1 cuil. à soupe d'huile de noix
- Sel et poivre du moulin

1. Pelez la pomme et les oignons, coupez-les en quartiers et placez-les dans le bol du mixeur. Hachez par à-coups et évitez d'atteindre la consistance de purée. Transvasez dans un bol, ajoutez le jus de citron vert, la sauce soja, le vinaigre de riz et les huiles, salez modérément et poivrez bien.

2. Coupez les filets de dorade en petits dés. Mélangez-les à la sauce et laissez reposer 10 min au frais.
3. Lavez, séchez et ciselez l'estragon. Ajoutez-le au tartare, mélangez et servez bien frais.

 Utilisez un couteau bien aiguisé car la dorade n'est pas facile à couper crue.

 *Tartare de lotte aux pommes vertes.* Remplacez la dorade par de la lotte. Vous pouvez utiliser l'herbe de votre choix.

Tartare de seiche aux pommes vertes. Remplacez la dorade par de la seiche. Vous pouvez utiliser l'herbe de votre choix.

Boulettes d'agneau au blé

C'est une des interprétations du célèbre kibbé libanais, cette préparation qui mêle viande hachée, blé concassé et épices. On l'apprête en gratin, en boulettes (je n'ai jamais compris comment ils faisaient pour les farcir avec des pignons) ou encore tout cru, ce qui est considéré comme le mets le plus raffiné. Pour le choix de la viande, l'épaule reste le meilleur morceau car il est un peu plus gras (donc moelleux) que le gigot.

Préparation 10 min
Conservation
- Mieux vaut éviter de conserver la viande crue au-delà de quelques heures.

Pour 4 personnes
- 400 g d'épaule d'agneau finement hachée
- 100 g de boulghour fin
- 1 petit oignon
- 1 cuil. à café de cumin en poudre
- 1/2 cuil. à café de coriandre en poudre
- Huile d'olive
- Sel et poivre noir du moulin

Décor
- Des cœurs de laitue et des quartiers de citron

1. Lavez le boulghour dans une passoire fine et faites-le tremper 5 min dans l'eau froide. Versez-le dans un torchon et égouttez en serrant bien.

2. Pelez et hachez finement l'oignon au robot. Mélangez l'agneau et l'oignon hachés et le boulghour. Saupoudrez de cumin et de coriandre en poudre, de sel et de poivre, puis repassez le tout au mixeur jusqu'à l'obtention d'une pâte fine.

3. Façonnez la préparation en boulettes (ayez les mains humides, c'est plus facile) et déposez-les dans les cœurs de salade effeuillés. Arrosez d'huile d'olive et présentez avec des quartiers de citron.

 Ajoutez du persil ou de la menthe hachée à la préparation.

 Remplacez le boulghour par des **pignons** concassés.

Tartare de saucisson

Une recette d'origine syrienne qui appartient plutôt à la catégorie des plats sans cuisson qu'à celle du cru. Le saucisson est un produit que l'on consomme la plupart du temps tel quel. Pourtant, après avoir goûté ce tartare, vous verrez qu'il peut s'accommoder de nombreux condiments. Le tout est d'en choisir un de bonne qualité, sec mais malgré tout facile à couper.

Préparation 10 min

Conservation
- 24 h au frais.

Pour 4 personnes
- 250 g de saucisson sec sans poivre
- 20 petits cornichons au vinaigre
- 2 cuil. à soupe rases de moutarde en grains
- 2 jaunes d'œufs
- Poivre du moulin

1. Retirez la peau du saucisson et coupez-le en tout petits dés.
2. Rincez les cornichons et coupez-les en fines rondelles.
3. Mélangez le tout avec les jaunes d'œufs et la moutarde. Poivrez légèrement. Servez à température ambiante.

 Choisissez un saucisson pas trop sec.

 Préparez ce tartare avec un saucisson de sanglier.

Tartare de noix de Saint-Jacques au jambon serrano

Une recette sans concessions au thème de ce livre. On connaissait les noix de Saint-Jacques grillées enrobées de lard fumé, les voici crues au jambon... cru. Un conseil pour les paresseux dont je suis, demandez à votre poissonnier de décoquiller les Saint-Jacques pour vous (c'est pas franchement commode à la maison) et gardez le corail, vous le ferez sauter à l'huile d'olive avant de l'écraser sur des toasts. Un filet de citron et l'apéritif est assuré. Je crois que je tiens le titre du prochain bouquin : « Pas de gâchis ! ».

Préparation 20 min
Conservation
- 2 ou 3 h au frais, tout au plus.

Pour 4 personnes
- 16 noix de Saint-Jacques sans corail
- 100 g de jambon serrano en 1 tranche épaisse
- 1/2 bouquet de ciboulette
- 1 cuil. à soupe de vinaigre de cidre
- 2 cuil. à soupe d'huile d'olive
- Sel et poivre du moulin

1. Passez les noix de Saint-Jacques sous un filet d'eau et essuyez-les. Coupez-les en petits dés. Dégraissez le jambon et coupez-le en dés encore plus petits que ceux des Saint-Jacques. Lavez et ciselez la ciboulette.

2. Placez les dés de noix de Saint-Jacques dans un saladier, arrosez d'huile d'olive, de vinaigre de cidre, salez, poivrez et mélangez. Ajoutez les dés de jambon, 1 cuil. à soupe de ciboulette ciselée et mélangez à nouveau. Servez bien frais avec du pain grillé.

Préférez les Saint-Jacques bretonnes aux canadiennes.

 **Tartare de noix de Saint-Jacques au jambon de Bayonne.** Remplacez le jambon serrano par du jambon de Bayonne et le vinaigre de cidre par du jus de citron.

Tartare de poulet aux noix et aux raisins

Une recette que vous devez servir sans annoncer la couleur. Demandez à vos invités de deviner ce qu'ils mangent et vous ne manquerez pas d'être surpris. Pour que tout le monde soit séduit (et votre réputation de cordon bleu valorisée), choisissez des filets de poulet de grande qualité, Label Rouge ou de Loué. Dans tous les cas, achetez-les chez le volailler plutôt qu'au supermarché. Le cru, c'est bon, c'est rapide, c'est léger, mais ça ne supporte pas la médiocrité. Un peu comme vous, non ?

Passage au congélateur 1 h
Préparation 10 min
Repos au frais 10 min
Conservation
- 12 h au frais, en sachant que le poulet aura une consistance différente, il sera plus cuit par le vinaigre.

Pour 4 personnes
- 500 g de blanc de poulet sans peau
- 50 g de cerneaux de noix
- 40 g de raisins secs blonds
- 3 brins de cerfeuil
- 2 cuil. à soupe d'huile de noix
- 2 cuil. à soupe d'huile de pépins de raisin
- 2 cuil. à soupe de vinaigre de xérès
- Sel et poivre du moulin

1. Placez le poulet au congélateur pendant 1 h pour qu'il raffermisse. Pendant ce temps, concassez les noix. Coupez les grains de raisin en deux et faites-les gonfler dans de l'eau tiède. Mélangez le vinaigre avec du sel et du poivre, puis ajoutez les huiles en fouettant vivement.

2. Coupez le poulet en tout petits dés, arrosez-les de vinaigrette et ajoutez les raisins égouttés et les noix concassées. Mélangez bien et laissez reposer 10 min au frais.

3. Ciselez le cerfeuil et mélangez-le au tartare. Servez avec des tranches de pain grillées et une salade d'herbes (voir recette p. 64).

 Faites gonfler les raisins secs dans un peu de cognac.

 *Tartare de poulet aux noix et aux figues.* Remplacez les raisins par des figues sèches.

Champignons farcis au tartare de jambon cru

Les tartares de charcuterie sont une bonne façon d'initier les néophytes à la cuisine crue. J'ai un faible pour cette recette, fraîche et originale. Au marché, choisissez plutôt des champignons crème, bien plus savoureux que les blancs, et n'oubliez pas de préciser au charcutier que vous désirez votre jambon en deux tranches épaisses. Ça ne va pas forcément de soi !

Préparation 15 min
Conservation
- 24 h au frais. Laissez revenir à température ambiante avant de servir.

Pour 4 personnes
- 500 g de jambon cru en 2 tranches épaisses (Bayonne, Parme, Savoie)
- 300 g de champignons de Paris (dont 4 gros pour la présentation)
- 1/2 citron (jus)
- 8 petits cornichons au vinaigre (25 g environ)
- 2 jaunes d'œufs
- 1 bonne cuil. à soupe d'huile de pistache
- 25 pistaches décortiquées
- Poivre du moulin

1. Retirez tout le gras du jambon. Il doit vous rester à peu près 200 g de chair. Coupez les tranches en tout petits dés. Rincez les cornichons et coupez-les en fines rondelles.

2. Nettoyez les champignons. Retirez les queues. Mettez de côté les 4 plus gros chapeaux. Coupez le reste en petits dés.

3. Mélangez les dés de champignons et de jambon, les rondelles de cornichons et les jaunes d'œufs, poivrez, ajoutez l'huile de pistache, puis mélangez à nouveau. Creusez légèrement les 4 chapeaux de champignons et citronnez-les pour éviter qu'ils noircissent. Remplissez-les avec le tartare et parsemez de pistaches concassées.

Si vous êtes pressé, hachez le jambon au hachoir électrique et râpez les champignons.

Champignons farcis au tartare de jambon fumé. Remplacez le jambon cru par du jambon fumé, les cornichons par des **câpres** ou l'huile de pistache par de l'**huile de noix**.

LES
émincés

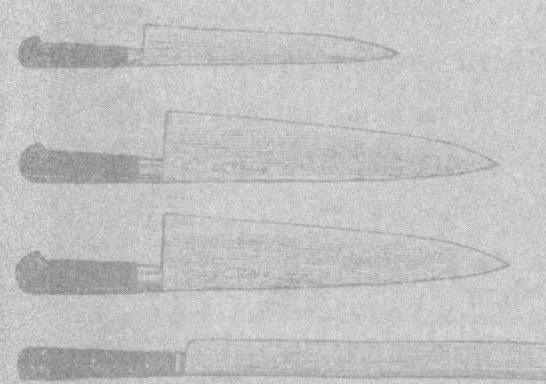

Carpaccio de melon à la mozzarella 153

Carpaccio de radis noir
à la mimolette 154

Émincé de poires et d'avocats
aux baies roses 155

Carpaccio d'espadon
aux tomates séchées 156

Noix de Saint-Jacques
au parmesan et au poivre noir 158

Feuilles d'artichauts
au cantal et à l'huile de truffe 159

Rouleaux de bœuf
au céleri et aux truffes 160

Grenadier au lait de coco 162

Émincé de cèpes à la crème de noix 163

Carpaccio de foie gras
au pain d'épice 164

Carpaccio de saumon façon gravlax 166

Carpaccio de rascasse à la japonaise 167

Carpaccio de dorade aux agrumes 168

Fenouil à la crème de citron confit 170

Haddock aux raisins et au curry 171

Tagliatelles de légumes
au chèvre pané 172

Carpaccio de canard aux groseilles 174

Feuilles de veau à la vanille 176

Carpaccio de melon à la mozzarella

Histoire de changer de l'invariable tomate-mozza. Pour choisir votre melon, plusieurs « trucs » s'offrent à vous : il doit être lourd, dense, ferme et surtout, exempt de tâches, le pédoncule (la petite tige sur le dessus) doit se détacher légèrement de l'écorce. Ne vous fiez pas seulement à l'odeur, il peut avoir séjourné près d'un melon très mûr, ce qui aura suffit à le parfumer, en revanche, s'il ne sent rien c'est l'assurance d'un produit sans goût !

Préparation 5 min
Conservation
- Quelques heures tout au plus, une fois que le plat a été arrosé de jus de citron.

Pour 4 personnes
- 1 melon
- 1/2 citron (jus)
- 1/2 bouquet de basilic
- 150 g de mozzarella
- 2 cuil. à soupe d'huile d'olive
- Sel et poivre du moulin

1. Ouvrez le melon, retirez les graines et coupez-le en quatre, puis en huit. À l'aide d'un couteau, retirez l'écorce du melon et coupez chaque tranche en fines lamelles dans la longueur.

2. Égouttez la mozzarella et coupez-la en tranches très fines. Dans le plat de service, intercalez les lamelles de mozzarella et celles de melon en les faisant se chevaucher légèrement.

3. Lavez, essuyez et ciselez les feuilles de basilic. Mélangez l'huile d'olive et le jus du demi-citron.

4. Parsemez la préparation de basilic ciselé et arrosez d'huile citronnée. Salez et poivrez. Servez bien frais.

UN CONSEIL Préférez la mozzarella au lait de bufflonne, plus fondante que celle au lait de vache.

Carpaccio de radis noir à la mimolette

Quand on évoque le radis, chacun de nous imagine ce petit légume-fane rouge et blanc que l'on croque au sel avec plaisir à l'apéritif. C'est oublier le radis blanc (ou oriental) et le noir, qui est une véritable pharmacie ambulante : il traite le foie, la vésicule, les affections pulmonaires, les rhumatismes, l'arthrite, sans compter qu'il est pauvre en calories, bon marché et très facile à préparer. Curatif ou pas, moi, j'adore ça. Cependant, si vous craignez son goût piquant, vous pouvez pocher les rondelles 30 sec à l'eau bouillante salée.

Préparation 10 min
Conservation
- Quelques heures, avant d'avoir disposé le fromage.

Pour 4 personnes
- 1/2 radis noir
- 1/2 bouquet de cerfeuil
- 100 g de mimolette vieille
- 2 cuil. à soupe de vinaigre de xérès
- 3 cuil. à soupe d'huile d'olive
- Sel et poivre du moulin

Et aussi
- Une raclette à fromage

1. Pelez le radis. Mélangez le vinaigre, du sel et du poivre puis incorporez l'huile d'olive. Découpez le radis en fines lamelles à l'aide d'une raclette à fromage. Tapissez les assiettes avec les lamelles de radis et arrosez de vinaigrette. Réservez.

2. Détaillez la mimolette en copeaux et déposez-les sur les lamelles de radis. Salez, poivrez à nouveau. Lavez, séchez, ciselez le cerfeuil et parsemez-en les assiettes. Servez sans attendre.

 Ajoutez quelques noix concassées.

 ***Carpaccio de radis noir au fromage de brebis.*** Remplacez la mimolette par du fromage de brebis mi-sec.

Émincé de poires et d'avocats aux baies roses

L'avocat se marie fort bien avec les fruits car c'est un fruit lui-même (et oui). Pour ce carpaccio, n'oubliez pas de le citronner juste après l'avoir émincé car sa chair s'oxyde très rapidement. S'il vous en reste, essayez aussi en salade avec des quartiers de pamplemousse et quelques feuilles de basilic.

Préparation 10 min

Conservation

- Hachez les lamelles d'avocats et de poires, mélangez-les en tartare et ajoutez un filet de citron. De cette façon, vous pourrez conserver le plat jusqu'au prochain repas.

Pour 4 personnes

- 2 poires mûres à point
- 2 avocats
- 1 brin de menthe
- 1 cuil. à soupe de jus de citron
- 2 cuil. à soupe d'huile d'olive
- 1 cuil. à soupe de vinaigre balsamique
- 1 cuil. à café de baies roses
- Sel et poivre du moulin

1. Mélangez ensemble le vinaigre balsamique, le jus de citron et l'huile d'olive. Pelez et coupez les poires en quatre dans la hauteur. Retirez le cœur et la tige, émincez finement chaque quartier.
2. Coupez les avocats dans la longueur, retirez le noyau, pelez-les et coupez la chair en tranches de même taille que celles des poires.
3. Dans les assiettes disposez en alternance les lamelles de poires et celles d'avocat en les faisant se chevaucher légèrement. Arrosez le tout de vinaigrette, salez, poivrez, ajoutez les feuilles de menthe ciselées et les baies roses. Servez immédiatement.

 Procédez rapidement à la préparation du plat pour éviter que les poires et les avocats ne noircissent.

 *Émincé de poires et d'avocats au parmesan.* Remplacez les baies roses par des lamelles de parmesan.

Carpaccio d'espadon aux tomates séchées

Un poisson très récemment mis à l'honneur dans nos restaurants. Sa chair fine et serrée rappelle celle du thon, en moins gras. C'est un poisson qui ne dégage pas d'odeur forte, idéal pour ceux que le cru rebute encore.

Passage au congélateur
30 à 60 min

Préparation 10 min

Repos 10 min

Conservation
- Quelques heures au frais si vous aimez le poisson un peu plus cuit.

Pour 4 personnes
- 400 g de filet d'espadon
- 1/2 citron vert (jus)
- 1 brin de romarin frais ou 1 cuil. à soupe de romarin séché
- 4 morceaux de tomates séchées
- 5 cuil. à soupe d'huile d'olive
- Sel et poivre du moulin

1. Placez le filet d'espadon 30 à 60 min au congélateur.
2. Pendant ce temps, mélangez le jus de citron, l'huile d'olive, le romarin ciselé, du poivre et du sel.
3. Taillez l'espadon en biais avec un long couteau de façon à obtenir les tranches les plus fines possible. Étalez-les sur une assiette et arrosez-les de marinade. Laissez reposer 10 min.
4. Égouttez et coupez les morceaux de tomates séchées en fines lamelles, décorez-en les assiettes. Servez avec des toasts de pain de campagne au beurre salé.

 Achetez des filets d'espadon bien épais pour tailler des tranches larges.

 ***Carpaccio d'espadon aux câpres.*** Remplacez les tomates séchées par des câpres au sel que vous ferez dessaler.

Noix de Saint-Jacques au parmesan et au poivre noir

Rien de plus exquis, de plus fondant, de plus fin que les noix de Saint-Jacques crues. Sans compter que c'est ultrasimple à préparer : ni peau, ni arêtes à enlever et une chair qui se tranche comme du beurre. Je confesse qu'il y a quand même un inconvénient : le prix. Si vous n'êtes pas en fonds, alternez les rondelles de noix de Saint-Jacques et de saumon cru... et prévoyez un bon pot-au-feu derrière tout ça pour caler les estomacs.

Préparation 15 min

Conservation
- Quelques heures au frais. Hachez le tout en tartare et servez sur des petits croûtons de pain grillé à l'apéritif.

Pour 4 personnes
- 12 noix de Saint-Jacques sans corail
- 100 g de parmesan
- 3 cuil. à soupe de jus de citron
- 1 cuil. à soupe de ciboulette ciselée
- 4 cuil. à soupe d'huile d'olive bien parfumée
- 1 cuil. à café de poivre noir en grains
- Sel

1. Lavez et séchez les noix avec du papier absorbant. Coupez chaque noix en 4 rondelles dans l'épaisseur. Détaillez le parmesan en copeaux à l'aide d'un couteau-économe. Mélangez l'huile d'olive et le jus de citron. Lavez, séchez et ciselez la ciboulette. Concassez les grains de poivre noir.

2. Dans chaque assiette, déposez 6 rondelles de Saint-Jacques. Arrosez avec la moitié de l'huile citronnée. Sur chacune déposez 1 copeau de parmesan et recouvrez

d'une autre rondelle. Versez le reste de sauce. Salez et saupoudrez de poivre concassé. Décorez avec la ciboulette ciselée.

 Achetez vos Saint-Jacques en coquille et faites-les décoquiller par le poissonnier.

 ***Noix de Saint-Jacques au parmesan et aux truffes.*** Les jours de fête, remplacez le poivre en grains par des lamelles de truffe.

Feuilles d'artichauts au cantal et à l'huile de truffe

Rien de meilleur que ces petits artichauts en botte croqués à cru. J'aime tellement ça qu'il m'arrive d'en préparer tous les jours pendant les vacances d'été. En carpaccio avec un fromage piquant, en tartare avec des oignons nouveaux et des amandes fraîches, en lamelles plongées dans un mélange de ricotta et de pistou... À se damner !

Préparation 20 min

Conservation
- Les artichauts s'oxydent très vite. Vous êtes obligé de manger tout, tout de suite !

Pour 4 personnes
- 8 petits artichauts poivrade
- 70 g de cantal vieux
- 2 citrons (jus)
- 1 cuil. à soupe d'huile de truffe
- 2 cuil. à soupe d'huile d'olive
- Quelques gouttes d'un bon vinaigre balsamique
- Fleur de sel et poivre noir du moulin

1. Pressez le jus de 1 citron et versez-le dans un grand bol d'eau. Retirez les feuilles extérieures des artichauts, coupez la pointe des feuilles, cassez la queue de manière à ce qu'il en reste un peu et pelez la base et le reste de la queue avec un couteau-économe. Coupez les artichauts en deux, retirez le foin, puis coupez-les en très fines lamelles. Plongez ces lamelles dans l'eau citronnée.
2. Fouettez ensemble 2 cuil. à soupe de jus de citron avec un peu de fleur de sel et ajoutez les huiles.
3. Disposez les artichauts bien à plat dans de grandes assiettes. Répartissez l'huile citronnée, couvrez de copeaux de cantal, poivrez généreusement et versez quelques gouttes de vinaigre balsamique.

- Utilisez une mandoline pour trancher finement les artichauts et le cantal.
- Ajoutez des lamelles de truffe avant de servir.

Feuilles d'artichauts à la mimolette et à l'huile d'olive. Remplacez l'huile de truffe par une très bonne huile d'olive et le cantal par de la mimolette vieille.

Rouleaux de bœuf au céleri et aux truffes

Un carpaccio de bœuf revu et... roulé. J'aime bien l'association du céleri croquant et de la viande fondante. Quelques gouttes d'huile de truffe et voilà une entrée qui bluffe à tous les coups. N'hésitez pas à préparer cette recette même si vous n'avez pas de truffes sous la main. Le parfum de l'huile suffit amplement.

Passage au congélateur 2 h
Préparation 15 min
Conservation
- Coupée ainsi, la viande noircit très vite. Mieux vaut préparer ces rouleaux « à la minute ».

Pour 4 personnes
- 400 g de cœur de rumsteck
- 150 g de céleri-rave râpé
- 2 brins de persil plat
- 10 g de truffe noire
- 2 cuil. à soupe d'huile d'olive
- 1 cuil. à soupe d'huile de truffe noire
- 1 cuil. à soupe de vinaigre de cidre
- Sel et poivre du moulin

1. Placez le rumsteck au congélateur pendant 2 h.
2. Mélangez le vinaigre, du sel, du poivre et les huiles. Lavez, séchez et ciselez le persil. Hachez la truffe au couteau. Mélangez le céleri-rave râpé avec la vinaigrette, la truffe hachée et le persil ciselé. Découpez la viande en tranches fines comme des feuilles, à l'aide d'un couteau bien affûté.
3. Étalez ces tranches bien à plat, déposez une bande de céleri assaisonné dessus et roulez la viande autour. Disposez dans les assiettes et accompagnez d'une petite salade d'herbes (voir recette p. 64). Servez sans attendre.

 Demandez à votre boucher de trancher la viande avec sa trancheuse électrique.

 ***Rouleaux de viande des grisons au céleri et aux truffes.*** Remplacez le bœuf par de la viande des grisons.

Rouleaux de noix de veau au céleri et aux truffes. Remplacez le bœuf par des tranches fines de noix de veau.

Grenadier au lait de coco

À mi-chemin entre l'Amérique du Sud (ceviche) et les Antilles, cette recette ne manque pas de séduire tout le monde, le poisson étant complètement « cuit » par le jus de citron, puis adouci par le lait de coco. Le choix de la menthe est assez arbitraire, je me suis aperçu que la plupart des herbes pouvaient s'associer à cette recette.

Préparation 15 min
Marinade 4 à 6 h
Conservation
- Comment ça, il en reste?

Pour 4 personnes
- 500 g de filets de grenadier
- 3 citrons verts
- 1 avocat
- 2 oignons nouveaux
- Quelques brins de menthe
- 4 cuil. à soupe de lait de coco
- Piment de Cayenne
- Sel

1. Coupez les filets de poisson en lamelles de 0,5 cm d'épaisseur. Mettez-les dans un plat creux et arrosez-les du jus des citrons verts. Laissez mariner 4 h à 6 h au frais.

2. Lavez les oignons, coupez les tiges et hachez-les, puis émincez finement les bulbes. Coupez l'avocat en deux, retirez le noyau, pelez les moitiés, coupez-les en quatre, puis chaque quartier en lamelles.

3. Dans les assiettes, alternez les lamelles d'avocat, de poisson égoutté et d'oignons. Arrosez de lait de coco et parsemez de tiges d'oignons hachées et de menthe ciselée. Salez et pimentez. Servez sans attendre.

 Remuez vivement la boîte de lait de coco avant de l'ouvrir pour mélanger les parties solide et liquide.

 ***Cabillaud au lait de coco.*** Remplacez le grenadier par du cabillaud.
Crevettes au lait de coco. Remplacez le grenadier par des crevettes roses crues.

Émincé de cèpes à la crème de noix

Le roi des champignons peut évidemment être consommé cru et certains disent même qu'il est plus savoureux ainsi. Personnellement, je ne me permettrais pas de comparer une fricassée à l'ail et un carpaccio, les deux sont jubilatoires, mais offrent des sensations complètement différentes. Le plus important dans la réalisation de cette recette reste le choix des champignons. Choisissez-les petits, fermes, avec le pied rebondi en forme de massue. Écartez ceux qui ont développé une corolle de mousse verdâtre sous le chapeau. Dernier conseil : après les avoir achetés, rangez-les tête en bas dans une assiette. S'ils contiennent des vers, ceux-ci vont remonter dans le pied. Vous n'aurez plus qu'à les couper et les têtes seront bonnes à émincer.

Préparation 15 min
Conservation
- Mélangez le tout en salade et conservez au frais 48 h maximum.

Pour 4 personnes
- 500 g de petits cèpes frais
- 1/2 échalote
- 1/2 citron (jus)
- 60 g de noix décortiquées
- 2 cuil. à soupe d'huile de noix
- 2 cuil. à soupe de crème fraîche
- Fleur de sel et poivre blanc du moulin

1. Nettoyez les cèpes à l'aide d'un torchon humide et coupez le bout terreux.
2. Dans le bol du mixeur, placez l'huile de noix, la crème, la moitié des noix, la demi-échalote, le jus de citron, salez, poivrez et mixez jusqu'à l'obtention d'une sauce homogène.
3. Coupez les cèpes en lamelles de 0,5 cm d'épaisseur. Huilez les assiettes et déposez ces lamelles bien à plat dessus.
4. Faites couler la crème aux noix en zigzag au-dessus des assiettes. Parsemez des noix restantes grossièrement concassées et servez immédiatement.

 Préférez les petits cèpes de Bordeaux, plus fermes et plus savoureux que les gros.

 ***Émincé de champignons de Paris à la crème de noix.*** Remplacez les cèpes par des champignons de Paris couleur crème.

Carpaccio de foie gras au pain d'épice

Je vous confie là une de mes recettes favorites. L'idée du foie gras cru me trottait dans la tête depuis longtemps. Aidée par le souvenir ému d'un foie gras poêlé pané au pain d'épice, je me lançai dans une interprétation personnelle. Ici, le pain et le foie sont tranchés comme du papier à cigarette après un bref passage au congélateur. C'est facile, original et esthétique, mais il faut préparer les assiettes (ou les sortir du réfrigérateur) au dernier moment, car le foie doit être servi presque glacé. Les gouttes de jus de citron sont en option, vous pouvez servir le foie gras tel quel ou avec un trait de vinaigre balsamique très concentré.

Passage au congélateur 1 h à 1 h 30

Préparation 35 min

Conservation

- Dans une terrine, alternez les couches de foie et de pain, pressez légèrement et entreposez 12 h au frais. Démoulez et servez en tranches.

Pour 6 personnes

- 1 gros morceau de pain d'épice (au moins 300 g)
- 300 à 400 g de foie gras cru
- 50 cl de lait
- Quelques gouttes de jus de citron
- Fleur de sel et poivre du moulin

Et aussi

- Une mandoline ou une trancheuse à fromage

1. Faites dégorger le foie gras 30 min dans du lait et retournez-le de temps en temps. Égouttez-le, essuyez-le et emballez-le dans du film alimentaire. Placez le pain d'épice et le foie gras au congélateur pendant 1 h à 1 h 30.

2. Tranchez le pain d'épice en copeaux très fins avec une mandoline et couvrez-en les assiettes. Déballez le foie gras, coupez-le de la même façon et déposez ces tranches sur le pain d'épice. Salez et poivrez généreusement. Arrosez de quelques gouttes de jus de citron et servez immédiatement.

 Si vous avez une balance précise, pesez les ingrédients. Vous devez obtenir à peu près 60 g de foie gras et 30 g de pain d'épice par assiette.

 *Carpaccio de foie gras au pain d'épice et aux pommes vertes.* Vous pouvez également proposer ce carpaccio avec des lamelles de pommes vertes.

Carpaccio de foie gras aux pommes vertes. Vous pouvez aussi proposer ce carpaccio avec des lamelles de pommes vertes ou nature, sans pain d'épice.

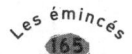

Carpaccio de saumon façon gravlax

Le saumon gravlax est, à mon avis, l'une des recettes les plus raffinées du répertoire gastronomique européen. L'inconvénient est qu'elle nécessite une marinade de 24 h au moins (idéalement 72 h) et l'on n'a pas toujours l'occasion de s'y mettre trois jours à l'avance. C'est pourquoi j'ai imaginé cette version, prête en un quart d'heure. Pour la recette du gravlax traditionnel, reportez-vous à *La Cuisine de Julie*, le premier volume de mes œuvres gastronomiques.

Passage au congélateur 10 min
Préparation 15 min
Conservation
- Quelques heures au frais. Disposez du céleri-rave râpé et citronné sur les tranches de saumon, roulez-les bien serré et piquez-les avec des cure-dents. Et vous êtes O.K. pour l'apéro de votre prochain dîner.

Pour 4 personnes
- 600 g de filets de saumon sans peau
- 1/2 citron (jus)
- 4 brins d'aneth
- 4 cuil. à soupe d'huile d'olive
- 1 cuil. à soupe de moutarde douce
- 2 cuil. à café de sucre en poudre
- Sel et poivre blanc du moulin

1. Placez le saumon 10 min au congélateur pour le trancher plus facilement.
2. Fouettez ensemble le jus de citron, le sucre en poudre et la moutarde. Ajoutez l'huile d'olive et mélangez.
3. Lavez, séchez et ciselez les pluches d'aneth. Coupez le saumon en biais avec un long couteau de façon à faire des tranches fines. Étalez ces tranches sur les assiettes, arrosez de sauce, salez généreusement et poivrez au moulin. Parsemez d'aneth ciselée et servez immédiatement.

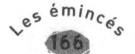

UN CONSEIL Demandez au poissonnier un morceau de la queue du poisson, c'est plus facile d'y tailler des grandes tranches.

UNE VARIANTE *Carpaccio de maquereau façon gravlax.* Remplacez le saumon par du maquereau. Utilisez des pluches de fenouil à la place de l'aneth.

Carpaccio de rascasse à la japonaise

On connaît mal la rascasse, ce poisson de Méditerranée indispensable à toute bouillabaisse qui se respecte. Il peut s'apprêter de mille façons : poêlé sur sa peau (un délicieux croustillant), au four avec un trait de côtes-de-Provence, en papillote au citron confit... et même cru. Sa chair blanche et ferme peut être comparée à celle de la dorade. Si vous osez, demandez au poissonnier de mettre la peau de côté et faites-la cuire au four, légèrement huilée et calée entre deux plaques. Vous obtiendrez des lamelles croustillantes aussi savoureuses que décoratives.

Passage au congélateur 10 min
Préparation 10 min
Marinade 30 min
Conservation
- Quelques heures au frais.

Pour 4 personnes
- 500 g de filets de rascasse
- 1 cuil. à soupe de jus de citron vert
- 4 cuil. à soupe d'huile d'olive
- 2 cuil. à soupe de sauce soja
- 1 cuil. à soupe de graines de sésame grillées
- 1 pincée de sucre en poudre
- 1/2 cuil. à café de gingembre en poudre
- Sel et poivre blanc du moulin

1. Placez les filets de rascasse 10 min au congélateur pour les affermir.
2. Mélangez la sauce soja, le jus de citron vert, le gingembre en poudre, le sucre, du poivre blanc et l'huile d'olive.
3. Escalopez les filets de rascasse en fines lamelles avec un long couteau bien aiguisé. Étalez les lamelles de poisson sur une grande assiette et arrosez-les de sauce. Réservez 30 min au réfrigérateur.
4. Parsemez de graines de sésame, rectifiez l'assaisonnement et servez avec des rondelles de baguette frottées d'ail et arrosées d'huile d'olive.

 Remplacez le gingembre en poudre par 1 cuil. à café de gingembre frais râpé.

 *Carpaccio de bar à la japonaise.* Remplacez la rascasse par du bar.
Carpaccio de dorade à la japonaise. Remplacez la rascasse par de la dorade.

Carpaccio de dorade aux agrumes

On associe spontanément le citron au poisson cru. Mais s'il est vrai que l'acidité du jus de citron a le mérite de « cuire » le poisson (et de lui retirer son odeur), on oublie trop souvent que le jus d'orange possède le même pouvoir tout en étant plus fruité et moins astringent. Si vous n'avez pas de grains d'anis sous la main, utilisez des pluches de fenouil ou d'aneth.

Passage au congélateur 30 min
Préparation 10 min
Conservation

- Coupez le poisson en petits morceaux, ajoutez des dés de fenouil et conservez 24 h au maximum.

Pour 4 personnes
- 500 g de filets de dorade
- 1 orange 1/2
- 1/2 citron
- 3 cuil. à soupe d'huile d'olive
- 1 cuil. à soupe d'huile de noisette
- 1 cuil. à café de grains d'anis
- Sel et poivre blanc du moulin

1. Entreposez les filets 30 min au congélateur pour les raffermir. Épluchez 1 orange, dégagez les quartiers et pelez-les à vif. Pressez le jus de la demi-orange restante. Mélangez le jus d'orange, les 2 huiles, le zeste haché du demi-citron, les grains d'anis, du sel et du poivre blanc.

2. Escalopez les filets de dorade en fines lamelles avec un long couteau bien aiguisé. Étalez le poisson sur une grande assiette.

3. Arrosez les lamelles de poisson de sauce. Répartissez les quartiers d'orange. Et parsemez éventuellement de ciboulette hachée.

 Choisissez de la dorade rose ou de la daurade royale, plus savoureuse que la grise.

 Remplacez le jus d'orange par du jus de pamplemousse.

Fenouil à la crème de citron confit

Le fenouil est un des légumes qui s'accommode le mieux d'une préparation en carpaccio. Émincé en fines lamelles, il est bien plus agréable en bouche et plus digeste que si l'on sert tel quel ses feuilles épaisses et parfois fibreuses.

Préparation 10 min
Conservation
- Déconseillée.

Pour 4 personnes
- 1 gros bulbe de fenouil
- 10 cl de crème liquide
- 1 cuil. à soupe d'huile d'olive
- 40 g de citron confit
- 40 g de noix concassées
- 1/2 cuil. à café de coriandre en poudre
- Sel et poivre

1. Mixez la crème liquide avec le citron confit, l'huile d'olive, la coriandre en poudre, du sel et du poivre. Ajoutez les noix concassées et réservez.
2. Coupez les pluches du fenouil, réservez-les et retirez le cœur. Taillez-le en fines lamelles. Disposez-les bien à plat sur les assiettes et nappez-les de crème aux noix. Décorez avec les pluches de fenouil hachées.

 Utilisez un robot-éminceur ou une mandoline pour gagner du temps et réaliser des tranches bien fines.

 *Fenouil à l'huile d'olive et au citron confit.* Remplacez la crème par de l'huile d'olive et les noix par des **pignons**.

Haddock aux raisins et au curry

Le haddock n'est autre que de l'églefin fumé à basse température. Choisissez des filets d'épaisseur régulière, vous éviterez la queue, qui est la partie « pauvre » du poisson. Habituellement poché dans le lait, le haddock est ici émincé finement et relevé d'une sauce sucrée qui compense sa forte teneur en sel. Petit conseil : préparez une grande quantité de sauce. Elle est tellement savoureuse que vos invités voudront forcément se resservir, juste pour saucer...

Passage au congélateur 1 h

Préparation 10 min

Conservation
- Mélangez les restes de poisson avec une salade de pommes de terre ou de pâtes aux pommes.

Pour 4 personnes
- 1 morceau de haddock de 500 g
- 2 cuil. à soupe de raisins secs
- 1 petite gousse d'ail
- 10 cl d'huile d'olive
- 2 cuil. à soupe de vinaigre de vin blanc
- 1 cuil. à café de moutarde forte
- 1 cuil. à café rase de curry en poudre
- 1/4 de cuil. à café de gingembre en poudre
- Poivre du moulin

1. Placez le poisson 1 h au congélateur pour qu'il s'affermisse.
2. Pelez et pressez l'ail. Hachez les raisins grossièrement. Mixez (ou mélangez) ensemble les raisins, l'ail, l'huile d'olive, le vinaigre, la moutarde, le curry et le gingembre en poudre.

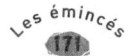

3. Émincez le haddock en biais avec un couteau tranchant de façon à tailler des tranches très fines. Étalez-les sur les assiettes et couvrez de sauce. Poivrez au moulin et servez immédiatement.

 Préparez la sauce à l'avance pour que les raisins aient le temps de gonfler.

 *Haddock au miel et au curry.* Remplacez les raisins par du miel et parsemez d'**estragon** haché.

Tagliatelles de légumes au chèvre pané

Une façon amusante de proposer des légumes crus. Émincés en lanières ultrafines à l'aide d'une mandoline, celles-ci sont immédiatement jetées dans un bain d'eau glacée, ce qui a pour effet de les faire serpenter comme des tagliatelles. Après, vous pouvez les accommoder selon votre goût : vinaigrette classique, pistou, huile d'olive-citron. Moi, j'ai choisi d'y ajouter des petits chèvres aux cèpes et aux noisettes pour plaire aux enfants – et aux mecs – à coup sûr.

Préparation 20 min
Conservation
- Coupés de cette façon, les légumes s'oxydent assez vite. Une fois assaisonnés, mieux vaut les consommer dans la journée.

Pour 4 personnes
- 2 crottins de Chavignol bien frais
- 3 petites courgettes (350 g environ)
- 3 carottes fanes
- 2 branches de céleri
- 1 brin d'estragon
- 1 cuil. à soupe de jus de citron
- 20 g de cèpes séchés
- 50 g de noisettes décortiquées
- 3 cuil. à soupe d'huile de noisette
- 3 cuil. à soupe d'huile d'olive
- 1 cuil. à soupe de vinaigre de xérès
- Sel et poivre du moulin

1. Épluchez les carottes et coupez les extrémités (conservez les fanes). Lavez et essuyez les courgettes. Lavez les tiges de céleri. Émincez les légumes dans leur longueur, à la mandoline ou au couteau-économe. Au fur et à mesure, plongez ces tagliatelles de légumes dans un grand saladier d'eau glacée.

2. Hachez grossièrement les noisettes. Mixez les cèpes séchés pour obtenir une poudre fine. Préparez 2 petits ramequins, versez 1 cuil. à soupe de chaque huile dans l'un, la moitié de hachis de noisettes et la poudre de cèpes dans l'autre. Coupez les crottins en deux dans l'épaisseur. Passez-les successivement dans l'huile et dans le hachis noisettes-cèpes. Réservez.

3. Égouttez et essorez les tagliatelles. Lavez, séchez et ciselez l'estragon. Préparez la vinaigrette avec le vinaigre, le jus de citron et le reste d'huile. Mélangez les tagliatelles de légumes avec la vinaigrette et l'estragon ciselé et répartissez-les dans les assiettes. Salez et poivrez. Disposez les chèvres panés sur le dessus et parsemez du reste de noisettes hachées.

4. Entourez le plat de fanes de carottes légèrement assaisonnées.

 **N'oubliez pas** de plonger les légumes dans l'eau glacée. Ils vont « friser » légèrement et garderont leur couleur d'origine.

Carpaccio de canard aux groseilles

Si vous craignez de déconcerter vos invités en leur proposant du canard cru — il faut bien avouer que dit comme ça, c'est un peu déroutant —, je vous accorde le droit d'utiliser des magrets séchés ou fumés. Dans ce cas, achetez-les entiers pour pouvoir les trancher très finement. Quant aux groseilles, n'hésitez pas à les acheter surgelées hors saison.

Passage au congélateur 1 h
Préparation 10 min
Conservation
- Franchement déconseillée.

Pour 4 personnes
- 2 magrets de canard (400 g de chair environ)
- 100 g de groseilles
- 4 cuil. à soupe d'huile d'olive
- 1 cuil. 1/2 à soupe de vinaigre de riz
- 1 pointe de couteau de piment d'Espelette
- Sel

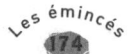

1. Retirez la peau des magrets et placez-les au congélateur pendant 1 h.
2. Préparez la vinaigrette en mélangeant le vinaigre, du sel et le piment puis l'huile d'olive. Rincez les groseilles sous un filet d'eau et séchez-les.
3. Découpez les magrets en tranches aussi fines que possible et étalez-les sur des assiettes badigeonnées de vinaigrette. Arrosez avec le reste de vinaigrette et répartissez les groseilles. Laissez reposer 10 min avant de servir.

 Utilisez une huile d'olive de bonne qualité et bien parfumée.

 Remplacez le vinaigre de riz par du **vinaigre de vin blanc**.

Feuilles de veau à la vanille

L'idée d'associer le veau à la vanille n'est pas de moi, je la tiens de Véronique Dauphin, une femme chef qui exerce ses talents à la Ruelle, au cœur de la jolie ville d'Angoulême. Enquêtant pour un guide gastronomique, je me devais de choisir les plats les plus « aventureux ». J'osai avec circonspection le médaillon de veau à la vanille… Le mariage était d'une évidente clarté et je ne regrettai pas ma condition de cobaye.

Passage au congélateur 2 h
Préparation 20 min
Conservation
- Difficile, le citron cuirait la viande.

Pour 4 personnes
- 600 g de noix de veau
- 1/2 boule de céleri-rave
- 1/2 citron (jus)
- 1 gousse de vanille
- 30 g de noix concassées
- 4 cuil. à soupe d'huile de pépins de raisin
- Moutarde en grains
- 1 cuil. à soupe de vinaigre de cidre
- Sel et poivre du moulin

1. Placez le morceau de veau 2 h au congélateur. Fendez la gousse de vanille et grattez les grains. Placez-les dans l'huile de pépins de raisin et remuez bien. Laissez mariner le temps de la congélation.

2. Pendant ce temps, pelez et râpez le céleri-rave à la grosse grille et placez-le dans un saladier (vous devez obtenir environ 200 g).

3. Taillez le veau en tranches aussi fines que des feuilles à l'aide d'une trancheuse électrique ou d'un couteau bien

affûté. Mélangez le jus de citron à l'huile à la vanille et ajoutez du sel et du poivre. Badigeonnez les assiettes d'un peu de cette sauce et couvrez-les de feuilles de veau. Arrosez chaque assiette avec 1 bonne cuil. à soupe de sauce.

4. Ajoutez le vinaigre et la moutarde dans le reste de sauce, versez sur le céleri, ajoutez les noix concassées et mélangez bien.

5. Disposez le céleri assaisonné en dôme au centre des assiettes et servez immédiatement.

Préparez votre huile à la vanille la veille pour qu'elle soit plus parfumée.

Remplacez l'huile de pépins de raisin par de l'**huile de colza** ou de l'**huile de maïs** et le céleri-rave par du **chou**.

LES desserts

Fraisananas au Grand Marnier 181
Crémet de brebis
au coulis de framboise 182
Mousse au chocolat au lait 184
Salade d'oranges
aux pistaches et à l'huile d'olive 185
Fraises melba au champagne 186
Tiramisù glacé aux griottes 187
Pêches à la mousse de mascarpone 189
Granité de mangues
et citron vert au champagne 190
Sablés roses au pamplemousse 191
Frozen yogurt à l'abricot 193
Salade d'ananas croque et pique 194
Charlotte légère chocafé 195
Parfait glacé
aux marrons et à la fleur d'oranger 196
Crème glacée miel-cannelle 198
Truffes de pruneaux aux noix 199
Glace aux mirabelles
et... aux mirabelles 200
Salade de fraises
à la menthe et au piment 201
Noisettes glacées croustillantes 202
Taboulé aux fruits exotiques 204
Marquises au chocolat
et aux framboises 205
Salade de mangues à l'indienne 206

Fraisananas au Grand Marnier

La célèbre liqueur d'orange se marie à merveille avec ces deux fruits. Il est important de les laisser mariner individuellement pour éviter que les fraises ne colorent l'ananas. La technique du sucre gratté contre l'écorce de l'orange est une bonne façon d'apprécier la quintessence de son parfum en évitant son amertume.

Préparation 20 min
Marinade 20 min
Conservation
- Une fois le dessert dressé, difficile de le conserver. Vous pouvez préparer la crème avant le début du repas et la laisser au frais. Pour les fruits, laissez mariner 20 à 30 min maximum et égouttez-les. Vous dresserez le tout au dernier moment.

Pour 6 personnes
- 1 ananas victoria
- 200 g de fraises mûres mais assez fermes pour éviter qu'elles ne s'écrasent dans l'alcool
- 200 g de fraises des bois
- 1 orange
- 15 cl de crème liquide
- 4 cuil. à soupe de Grand Marnier
- 3 cuil. à soupe de sucre en poudre
- 2 morceaux de sucre

Décor
- 3 brins de menthe

1. Pelez l'ananas et enlevez les « yeux » qui peuvent rester sur la chair. Coupez 8 fines rondelles. Placez-les dans un plat creux, arrosez de 2 cuil. à soupe de Grand Marnier et poudrez de 1 cuil. à soupe de sucre. Laissez mariner 20 min en les retournant 2 ou 3 fois.

2. Lavez les fraises en les passant rapidement sous un filet d'eau puis équeutez-les. Placez les fraises des bois dans un saladier et les autres fraises dans un autre ; répar-

tissez le reste d'alcool et de sucre en poudre. Mélangez délicatement et laissez mariner 15 min.

3. Versez la crème dans un saladier et placez-le avec les fouets du batteur au congélateur. Lavez et essuyez l'orange. Frottez les 2 morceaux de sucre contre l'écorce de l'orange, de façon à les râper petit à petit au-dessus d'une assiette.

4. Fouettez la crème bien froide en augmentant la vitesse du fouet petit à petit. Quand la crème est bien montée, ajoutez le sucre à l'orange et continuez de fouetter quelques secondes.

5. Dans des assiettes, répartissez les rondelles d'ananas égouttées, déposez 1 grosse noix de crème au centre et un petit tas de fraises et de fraises des bois. Décorez avec des petits brins de menthe et servez immédiatement.

 Remplacez l'ananas frais par des rondelles d'ananas en conserve (1 boîte de 500 g) égouttées. Ne les faites mariner que 10 min dans l'alcool.

Crémet de brebis au coulis de framboise

Une recette angevine dont la seule difficulté consiste à se procurer l'ingrédient essentiel, le fromage blanc caillé, qui n'est autre que du lait égoutté et légèrement fermenté. Étape intermédiaire entre le lait et le fromage, le caillé peut aussi être servi à l'apéritif, enrichi d'ail et d'herbes ciselées. Et pour le dessert, n'oubliez pas le tour de moulin à poivre, c'est essentiel !

Préparation 15 min
Macération 2 h
Conservation
- 48 h au frais.

Pour 4 personnes

Pour le crémet
- 250 g de caillé de brebis (ou, à défaut, de vache)
- 20 cl de crème fleurette
- 4 cuil. à soupe de sucre glace
- Poivre gris du moulin

Pour le coulis
- 500 g de framboises
- 1 citron (jus)
- 40 g de sucre roux
- 1 bonne pointe de couteau de piment d'Espelette

1. Le coulis : placez les framboises dans un grand plat creux, arrosez-les de jus de citron et poudrez de sucre roux et de piment d'Espelette. Laissez reposer 2 h en remuant de temps en temps. Passez au moulin à légumes et récupérez le coulis.

2. Versez la crème fleurette dans un saladier et placez-le au frais pendant 30 min au moins (ou 10 min au congélateur).

3. Fouettez la crème en chantilly, ajoutez le sucre glace et donnez encore quelques tours de fouet. Mélangez délicatement la crème chantilly et le caillé. Servez dans des assiettes, donnez quelques tours de moulin à poivre et proposez le coulis de framboise à part.

Placez le saladier de crème sur un lit de glace pour que la crème monte plus facilement.

Fromage blanc au coulis de framboise. Remplacez le caillé par du fromage blanc en faisselle bien égoutté et le poivre par de la **cannelle**. Décorez, éventuellement, d'éclats de meringue à la vanille.

Mousse au chocolat au lait

La principale contrainte de ce livre était de ne jamais utiliser de source de chaleur. Inutile de vous dire que c'est un sérieux handicap pour faire fondre le chocolat. J'ai néanmoins trouvé une parade : je râpe. Dégustez, et vous comprendrez que ce n'est pas un pis-aller.

Préparation 20 min
Repos au frais 12 h
Conservation
- 3 jours au frais, couvert d'un film alimentaire.

Pour 4 personnes
- 150 g de chocolat au lait
- 50 g de beurre mou
- 4 œufs
- 2 cuil. à soupe de sucre en poudre roux
- 40 g de noisettes concassées
- Sel

1. Cassez les œufs, placez les jaunes dans un saladier et les blancs dans un autre.
2. Râpez finement le chocolat et écrasez-le avec le beurre ramolli. Ajoutez les jaunes d'œufs et mélangez. Montez les blancs en neige avec 1 pincée de sel, ajoutez le sucre roux avant de cesser de fouetter. Incorporez le tout au chocolat.
3. Placez au frais 12 h au moins. Au moment de servir, parsemez de noisettes concassées.

 Choisissez un chocolat de qualité, la réussite du dessert en dépend.

 Avec une pointe de **rhum blanc**, ce n'est pas mal non plus.

Salade d'oranges aux pistaches et à l'huile d'olive

Encore une recette saugrenue. C'est par distraction que j'ai, un jour, versé de l'huile d'olive sur mes oranges au lieu de la traditionnelle eau de fleur d'oranger... Une petite bouchée juste avant de tout jeter à la poubelle, pour comprendre que je tenais là une sacrée bonne recette. À vous de juger.

Préparation 20 min
Macération 3 h
Conservation
- 3 jours au frais, couvert d'un film alimentaire.

Pour 4 personnes
- 6 oranges non traitées
- 2 brins de menthe fraîche
- 40 g de pistaches non salées et décortiquées
- 3 cuil. à soupe d'huile d'olive parfumée
- 1/2 cuil. à café de cannelle en poudre
- 80 g de sucre roux en poudre

1. Lavez et essuyez les oranges. Râpez le zeste d'1/2 orange. Épluchez-les toutes à vif (retirez l'écorce et la peau blanche) avec un couteau bien aiguisé. Coupez-les en rondelles de 1 cm d'épaisseur.

2. Disposez les tranches d'orange dans un plat évasé. Poudrez de sucre roux, de cannelle et de zeste d'orange, arrosez d'huile d'olive. Mélangez délicatement et laissez macérer 3 h, au moins, dans le réfrigérateur.

3. Concassez grossièrement les pistaches et déposez-les sur la salade avant de servir. Décorez de feuilles de menthe ciselées.

Si vous êtes pressé, vous pouvez servir cette salade après 1 h de marinade.

 Remplacez l'huile d'olive par 1 cuil. à soupe d'**eau de fleur d'oranger**.

Fraises melba au champagne

Pour changer de la pêche... On mixe les fraises avec un peu de champagne pour un coulis canaille. Entre nous, si vous peinez sur la crème chantilly, achetez-la en bombe, c'est un feu de paille mais si vous la mangez tout de suite, c'est idéal. Ne choisissez pas un champagne au rabais car il y a de bonnes chances pour que vous le serviez avec votre dessert.

Passage au congélateur 10 min
Préparation 10 min

Pour 4 personnes
- 500 g de fraises
- 15 cl de champagne
- 50 g d'amandes effilées
- 50 cl de glace à la vanille
- 20 cl de crème fleurette
- 60 g de sucre glace
- 2 sachets de sucre vanillé

1. Versez la crème fleurette dans un saladier et placez-le 10 min dans le congélateur.
2. Lavez rapidement les fraises sous un filet d'eau si nécessaire, puis équeutez-les. Mixez-en la moitié avec le champagne et le sucre glace. Réservez au frais.

3. Fouettez la crème en chantilly et ajoutez le sucre vanillé avant les derniers coups de fouet.
4. Déposez 2 boules de glace dans chaque assiette. Nappez de coulis de fraise, posez 1 grosse cuil. de crème fouettée, décorez avec les fraises restantes coupées en deux et les amandes effilées. Servez immédiatement.

En accompagnement, servez du *champagne aux fraises* : mixez 200 g de fraises avec 60 cl de champagne, passez dans une étamine ou un filtre à café et servez bien froid.

Framboises melba au champagne. Remplacez les fraises par des framboises.

Tiramisù glacé aux griottes

Une interprétation personnelle de ce fameux dessert. Il me restait une boîte de lait concentré, quelques biscuits à la cuillère et une barquette de mascarpone au congélateur (si, si, vous pouvez congeler les fromages) : je fouette, je trempe et hop, retour au congélo, juste le temps de faire « prendre » la crème pour la figer. Petit conseil : essayez de ne pas dépasser le temps de congélation, vous seriez obligé de laisser dégeler la crème, ce qui aurait pour effet de détremper légèrement les biscuits.

Passage au congélateur 15 min
Préparation 20 min
Repos au congélateur 2 h
Conservation
- Laissez décongeler 5 h au réfrigérateur avant de servir.

Pour 4 personnes
- 1 petite boîte de lait concentré non sucré (160 g environ)
- 250 g de mascarpone
- 100 g d'amaretti (macarons italiens) : les choisir moelleux pour qu'ils absorbent le liquide
- 100 g de griottes au sirop
- 1 cuil. à soupe d'amaretto (liqueur)
- 3 cuil. à soupe bombées de sucre glace
- 2 sachets de sucre vanillé

1. Versez le lait concentré dans un saladier et placez-le au congélateur pendant 15 min. Sortez le mascarpone du réfrigérateur. Égouttez les griottes. Versez 10 cl de leur sirop dans une assiette creuse et ajoutez l'amaretto.
2. Trempez brièvement 2/3 des macarons dans le sirop et écrasez-les entre vos doigts. Tapissez-en le fond d'un moule de taille moyenne.
3. Fouettez le mascarpone 1 min avec le sucre vanillé et le sucre glace. Sortez le lait du congélateur et montez-le au fouet. Incorporez progressivement le lait au mascarpone.
4. Répartissez les griottes sur les biscuits, couvrez de crème et placez au congélateur pendant 2 h.
5. Avant de servir, écrasez le reste des macarons et répartissez-les sur la crème.

 **VARIANTES**

Tiramisù glacé aux fraises. Remplacez les cerises par des fraises et trempez les biscuits dans un mélange d'eau et d'amaretto.

Tiramisù glacé aux abricots. Remplacez les cerises par des abricots frais et trempez les biscuits dans un mélange d'eau et d'amaretto.

Pêches à la mousse de mascarpone

Joli, léger et facile à préparer. Ce dessert est un de ceux que j'affectionne le plus quand la saison des pêches pointe son nez (pas avant le mois de mai, ne vous laissez pas berner). Préférez les pêches blanches, plus juteuses et plus parfumées, mais à manier avec précaution car elles sont également plus fragiles que les jaunes.

Préparation 20 min
Macération 1 h
Conservation

- Mixez les pêches avec la mousse et servez comme un milk-shake.

Pour 4 personnes

- 4 pêches plutôt mûres
- 250 g de mascarpone
- 3 blancs d'œufs
- 50 g d'amaretti (macarons italiens)
- 3 cuil. à soupe de sucre en poudre
- 1 cuil. à café d'amaretto (liqueur)
- 20 cl de vin blanc doux (muscat, banyuls, baume de Venise...)
- 40 g d'amandes effilées

1. Pelez les pêches, coupez-les en deux et dénoyautez-les. Posez-les à plat dans une assiette creuse et arrosez-les de vin. Laissez mariner 1 h.

2. Fouettez le mascarpone avec le sucre en poudre pendant 3 min et ajoutez l'amaretto.
3. Montez les blancs en neige et incorporez-les délicatement au mascarpone.
4. Égouttez les pêches. Trempez brièvement les amaretti dans le vin utilisé pour les pêches et brisez-les entre vos doigts. Incorporez-les à la mousse de mascarpone. Farcissez les pêches avec cette mousse, parsemez d'amandes effilées et servez sans attendre.

 Vous pouvez réduire ou augmenter la quantité de sucre selon votre goût. Le vin n'est pas indispensable si les pêches sont très mûres.

 **Pêches au caillé de brebis.** Remplacez le mascarpone par du **caillé de brebis** et les blancs d'œufs en neige par de la crème chantilly.

Granité de mangues et citron vert au champagne

Je vous accorde qu'il n'est pas aisé de préparer de la glace sans sorbetière ! Raison de plus pour se rabattre sur les granités, ce dessert pailleté qui se prépare avec le sirop ou l'alcool de votre choix et ne nécessite que quelques coups de fourchette pour éviter l'état de glaçon.

Préparation 10 min
Repos au congélateur 3 h
Conservation
- Plusieurs jours au congélateur.

Pour 6 personnes
- 1 kg de mangues
- 1 citron vert (jus)
- 20 cl de champagne
- 5 cl de marc de champagne
- 2 cuil. à soupe de miel

1. Lavez et essuyez le citron vert, râpez le zeste. Pelez les mangues et mixez leur chair avec le champagne, le miel, le marc et le jus du citron.

2. Placez au congélateur pendant 3 h en remuant avec une fourchette toutes les 30 min.

3. Répartissez dans des coupes, décorez du zeste de citron et servez immédiatement.

 Parsemez ce granité de pistaches concassées non salées.

 Remplacez le marc par du **rhum brun**.

Sablés roses au pamplemousse

Des sablés sans cuisson ? Et roses avec ça ? Facile, il suffit de réduire en poudre ces jolis biscuits de Reims (sorte de boudoirs roses) et de les travailler avec un peu de beurre avant de les faire « prendre » au frais. Vous pouvez les associer à ce qui vous chante : compote de fruit, crème fouettée, frangipane et fruits rouges (j'ai essayé). Pensez seulement à les sortir du réfrigérateur un peu à l'avance pour que les saveurs ne soient pas figées par le froid.

Préparation 35 min
Repos au frais 3 h
Conservation
- Allez, je vous accorde de les préparer 2 ou 3 h à l'avance, mais pas plus !

Pour 6 personnes
- 200 g de biscuits roses de Reims
- 1 pamplemousse
- 40 g de zestes d'orange confits
- 100 g de beurre mou
- 4 cuil. à soupe de crème épaisse
- 3 cuil. à soupe de sucre glace
- 1/2 cuil. à café de cannelle en poudre

1. Écrasez les biscuits pour obtenir une poudre et mélangez-la au beurre mou. Étalez ce mélange dans des petits ramequins individuels sans trop tasser. Laissez prendre 3 h au moins au réfrigérateur.

2. Coupez les zestes d'orange en tout petits dés. Coupez le pamplemousse en deux, détachez les quartiers de l'écorce et pelez-les à vif. Coupez chaque quartier en dés.

3. Mélangez la crème avec 2 cuil. à soupe de sucre glace et les dés de zestes d'orange. Démoulez les sablés en les piquant avec la pointe d'un couteau et déposez-les dans des assiettes. Laissez-les 30 min à température ambiante. Puis, arrosez-les de jus de pamplemousse, couvrez-les de crème et répartissez les dés de pamplemousse dessus. Poudrez de cannelle et du reste de sucre glace au travers d'une petite passoire. Servez immédiatement.

Faites mariner les zestes confits dans un peu de Cointreau pour les ramollir.

Remplacez les zestes d'orange par de l'**eau de fleur d'oranger** ajoutée au dernier moment.

Frozen yogurt à l'abricot

Encore un dessert facile à réaliser et pauvre en calories. Pour une fois, je vous conseille de privilégier les fruits surgelés, qui vous permettront de préparer votre recette à la minute. Retenez les proportions et adaptez cette recette aux fruits de votre choix.

Passage au congélateur 1 nuit
Préparation quelques minutes
Conservation
- Plusieurs jours au congélateur mais il vous faudra briser puis mixer à nouveau la glace avant de servir.

Pour 4 personnes
- 600 g d'abricots plutôt mûrs
- 250 g de yaourt brassé au lait entier
- 1 cuil. à soupe de madère ou de porto
- 2 grosses cuil. à soupe de sucre roux en poudre
- 40 g de sablés bretons

1. La veille, lavez et dénoyautez les abricots. Placez-les au congélateur dans un sachet hermétique et laissez-les toute la nuit.

2. Le jour même et juste avant de servir, mélangez dans le bol du mixeur tous les ingrédients (sauf les sablés) et mixez le tout à pleine vitesse. Vous devez obtenir une pâte homogène bien épaisse.

3. Disposez dans des petites coupes et parsemez de sablés brisés. Servez immédiatement.

Saupoudrez de pistaches non salées concassées.

Caillé de brebis glacé à la mangue. Remplacez le yaourt par du caillé de brebis bien frais et les abricots par de la mangue.

Crème glacée à la mangue. Remplacez le yaourt par de la crème allégée et les abricots par de la mangue.

Salade d'ananas croque et pique

Je vous l'accorde, l'ananas n'est pas le fruit le plus aisé à préparer. Cela demande un peu de poigne et de précision dans les gestes, mais quand vous croquez cette chair ferme et juteuse, quelle récompense ! Je vous donne le droit d'utiliser des rondelles en boîte mais seulement si vous êtes pris de cours. Et ne me dites pas que ce n'est pas la saison, on en trouve toute l'année.

Préparation 15 min
Macération 1 h
Conservation
- 2 jours au frais (retirez les noix pour éviter qu'elles ramollissent).

Pour 4 personnes
- 1 petit ananas victoria
- 2 cuil. à soupe de jus de citron vert
- 50 g de noisettes décortiquées
- 2 cuil. à soupe de rhum ambré
- 1 cuil. à café de gingembre en poudre
- 1 grosse cuil. à soupe de miel
- Poivre noir du moulin

1. Pelez l'ananas et coupez-la chair en dés de 2 cm de côté. Répartissez-les dans les assiettes. Fouettez le rhum, le jus de citron vert, le gingembre en poudre et le miel, puis versez sur l'ananas. Concassez grossièrement les noisettes et ajoutez-les à la salade d'ananas. Mélangez, couvrez avec du film alimentaire et laissez reposer 1 h au frais.

2. Servez après avoir donné un tour de moulin à poivre sur chaque assiette.

 Ajoutez quelques dés de gingembre confit.

 Remplacez le miel par du **sucre roux en poudre** et le rhum par du **cognac**.

Charlotte légère chocafé

Pas de beurre, très peu de sucre, un nuage de chocolat. Mais qu'y a-t-il donc dans cette charlotte? La puissance du cacao amer alliée à l'onctuosité de la crème fouettée font de ce dessert un compromis idéal entre gourmandise et légèreté.

Passage au congélateur 15 min
Préparation 15 min
Repos au frais 3 h au moins
Conservation
- 2 jours au frais, couvert d'un film alimentaire.

Pour 4 personnes
- 100 g de biscuits à la cuillère
- 20 cl de crème fleurette
- 50 g de chocolat noir amer
- 3 cuil. à soupe de cacao en poudre non sucré
- 3 cuil. à soupe de sucre glace
- 1 cuil. à café de café soluble
- 1 tasse de café très fort

1. Versez la tasse de café dans un saladier et placez-le au congélateur pendant 15 min.
2. Pendant ce temps, diluez le café soluble dans de l'eau chaude et coupez les biscuits à la cuillère en deux dans la longueur. Plongez-les brièvement dans le café et tapissez-en les parois et le fond du moule à charlotte.

3. Coupez le chocolat noir en morceaux et hachez-le finement au hachoir. Il doit être réduit en poudre.
4. Sortez la crème fleurette et fouettez-la en chantilly. Quand elle commence à monter, ajoutez le cacao en poudre, le café glacé et le sucre glace, fouettez encore 1 min. Saupoudrez de chocolat haché, remuez délicatement et versez la moitié sur les biscuits. Tapissez d'une autre couche de biscuits trempés dans le café et terminez avec la crème. Placez au frais pour 3 h au moins.

 Placez également les fouets dans le congélateur pour être sûr que la crème monte rapidement.

 Ajoutez 2 cuil. à soupe de **cognac** dans le café soluble.

Parfait glacé aux marrons et à la fleur d'oranger

J'ai imaginé ce dessert en hommage à l'un des meilleurs gâteaux au chocolat du monde, celui que l'on sert chez Anahï, un restaurant argentin à Paris, qui est une de mes cantines favorites. L'eau de fleur d'oranger y est associée à la crème de marron, au chocolat noir et à une bonne dose d'alcool ! Personnellement, j'ai choisi de remplacer l'alcool par des marrons glacés pour apporter un peu de « matière ».

Préparation 15 min
Repos au congélateur 3 h
Conservation
- 1 semaine au congélateur, couvert de film alimentaire.

Pour 8 personnes
- 50 cl de glace au chocolat noir
- 3 cuil. à soupe de cacao en poudre
- 250 g de crème de marron
- 60 g de marrons glacés
- 20 cl de crème fleurette
- 1 à 2 cuil. à soupe d'eau de fleur d'oranger (selon la puissance aromatique)

1. Versez la crème fleurette dans un saladier et placez-le au congélateur. Sortez la glace au chocolat du congélateur. Fouettez la crème de marron avec l'eau de fleur d'oranger pendant 1 min. Ajoutez la glace et continuez de fouetter quelques instants.

2. Montez la crème en chantilly et incorporez-la au mélange marron-chocolat. Ajoutez les marrons glacés brisés entre vos doigts.

3. Tapissez une terrine de film alimentaire et versez-y la préparation. Placez au congélateur 3 h au moins.

4. Démoulez 1 min avant de servir et saupoudrez de cacao au travers d'une passoire. Découpez en tranches et accompagnez de glace à la vanille fouettée ou de crème anglaise.

 Mouillez légèrement le moule pour mieux faire adhérer le film alimentaire.

 Remplacez les marrons glacés par des **noix** concassées.

Crème glacée miel-cannelle

Préparer sa glace soi-même était l'un de mes plus vieux fantasmes. Ne possédant pas de sorbetière, j'avais mis cette idée de côté, jusqu'à ce que je tente d'en bricoler une à ma façon, à grand renfort de tours de mixeur. À l'arrivée on obtient une préparation à mi-chemin entre la glace et la crème, largement meilleure que les glaces en bacs des grandes surfaces...

Passage au congélateur 15 min
Préparation 20 min
Repos au congélateur 10 h
Conservation
- 2 à 3 jours à condition de la mixer avant de servir.

Pour 4 personnes
- 100 g de spéculos
- 40 cl de crème liquide
- 3 blancs d'œufs
- 2 cuil. à café de cannelle en poudre
- 100 g de miel liquide
- Sel

1. Versez la crème liquide dans un saladier et placez-le 15 min au congélateur ainsi que les fouets.

2. Pendant ce temps, montez les blancs d'œufs en neige avec 1 pointe de sel. Réservez.

3. Montez la crème en chantilly et ajoutez le miel et la cannelle aux derniers coups de fouet. Incorporez délicatement les blancs en neige et placez le tout 5 h au congélateur.

4. Retirez la glace du congélateur et mixez-la jusqu'à ce qu'elle soit souple, incorporez la moitié des spéculos brisés en petits morceaux et remettez au congélateur 5 h au moins. Servez dans des coupes, parsemez du reste des spéculos concassés.

UN CONSEIL

N'essayez pas d'utiliser de la crème légère, son faible taux de matières grasses l'empêche de monter en chantilly.

VARIANTES

Crème glacée à la cannelle. Remplacez le miel par du **sucre glace**.

Crème glacée miel-cannelle à l'orange confite. Remplacez les spéculos par des dés d'orange confite.

Truffes de pruneaux aux noix

Pas de chocolat dans ces truffes-là mais autant de goût. Achetez des pruneaux souples mais pas trop non plus, pour permettre aux truffes de se solidifier à la réfrigération.

Préparation 10 min
Repos au frais 2 h
Conservation
- 4 jours bien emballées dans du film alimentaire et au frais.

Pour 4 à 6 personnes
- 200 g de pruneaux dénoyautés
- 100 g de noix décortiquées
- 1 cuil. à café de cannelle en poudre

1. Hachez les pruneaux au couteau. Mixez les noix grossièrement. Tamisez le hachis de noix à travers une passoire à thé au-dessus d'une assiette pour recueillir la poudre la plus fine.

2. Mélangez dans un saladier le hachis de pruneaux avec les noix restées dans la passoire et la cannelle en poudre. Façonnez des boulettes de la taille d'une truffe et roulez-les dans la chapelure de noix. Placez au frais 2 h au moins.

UN CONSEIL Ajoutez du zeste de citron râpé dans le mélange aux noix.

VARIANTES

Truffes de dattes aux pignons. Remplacez les pruneaux par des dattes et les noix par des pignons.

Truffes de figues aux pignons. Remplacez les pruneaux par des figues sèches et les noix par des pignons.

Glace aux mirabelles et... aux mirabelles

Après quelques visites dans les restaurants d'Alain Ducasse, j'ai retenu une leçon essentielle : la meilleure façon d'accommoder un produit, c'est de l'associer à lui-même. J'ai ainsi le souvenir d'une tartelette à l'artichaut où le légume était décliné en purée, en friture, cru et mijoté en barigoule. Une explosion en bouche et une clarté de saveurs sans égale.

Ici, se mêlent crème glacée à la pulpe de mirabelle, mirabelles fraîches et alcool de... ça y est vous y êtes.

Préparation 20 min
Macération 1 h
Repos au congélateur 4 h
Conservation
- Plusieurs jours au congélateur. Sortez-la 1 h avant de servir et donnez un coup de mixeur (pas trop longtemps), avant de dresser dans des coupes.

Pour 4 personnes
- 800 g de mirabelles fraîches (ou 400 g surgelées)
- 80 g de sucre en poudre
- 3 blancs d'œufs
- 15 cl de crème liquide
- 1 cuil. à soupe d'eau-de-vie de mirabelle
- Sel

1. Lavez, séchez et dénoyautez les mirabelles. Mixez-en la moitié pour obtenir une purée. Versez dans un grand bol, poudrez de sucre, arrosez d'eau-de-vie, mélangez et laissez reposer 1 h au frais. Versez la crème liquide dans un saladier et placez-le au frais pendant la même durée.
2. Fouettez la crème en chantilly, réservez-la au frais et montez les blancs d'œufs en neige avec 1 pincée de sel. Incorporez la purée de mirabelle à la crème, puis les blancs en neige en mélangeant délicatement. Placez le tout au congélateur pendant 4 h.
3. Mixez rapidement la glace pour obtenir une crème souple et ajoutez les mirabelles restantes. Mélangez et servez immédiatement avec des sablés aux noix.

 Si vous êtes pressé, mixez les mirabelles avec le sucre en poudre et l'eau-de-vie sans laisser macérer.

 *Glace aux abricots et à l'alcool de noix.* Remplacez les mirabelles par des abricots et l'eau-de-vie de mirabelle par de l'alcool de noix.

Salade de fraises à la menthe et au piment

J'aime bien arroser mes fraises de quelques gouttes de jus de citron avant de les tremper dans le sucre glace. J'ai imaginé cette recette avec du jus de citron vert, plus doux et plus fruité que celui du citron jaune et une pointe de piment pour compenser la douceur des fraises. Il est important de préférer le piment d'Espelette au piment de Cayenne qui emporterait instantanément toutes les saveurs de cette salade.

Préparation 15 min
Macération 10 min
Conservation
- 24 h au frais.

Pour 4 personnes
- 750 g de fraises
- 2 citrons verts (jus)
- 3 brins de menthe
- 1/2 cuil. à café rase de piment d'Espelette en poudre
- 4 cuil. à soupe de sucre roux

1. Lavez, séchez et ciselez la menthe. Lavez puis équeutez les fraises. Coupez-les en quatre dans le sens de la hauteur. Placez-les dans un saladier. Ajoutez la menthe ciselée, le jus des citrons verts, le sucre roux et le piment d'Espelette. Mélangez bien et laissez macérer 10 min.
2. Servez tel quel ou avec 1 boule de sorbet au citron vert, à la pomme verte ou à la fraise.

 Dosez le piment progressivement pour ne pas « enflammer » vos invités.

 *Salade de fraises à la menthe.* Servez cette salade nature, sans poivre ni piment.

Salade de fraises à la menthe et au poivre. Remplacez le piment par un tour de moulin à poivre noir.

Noisettes glacées croustillantes

Les mignardises sont plutôt l'apanage des restaurants. Il ne vous viendrait pas à l'idée de préparer une kyrielle de mini babas, une ribambelle de micro tartelettes, un chapelet de cerises au chocolat juste pour accompagner le café filtre servi aux copains. Pourtant,

après le plateau de fromages, certains aimeraient bien sauter l'étape du dessert. Ces noisettes glacées sont une alternative parfaite : c'est joli, rapide, simple, économique et l'on peut les préparer à l'avance.

Passage au réfrigérateur 1 h
Préparation 10 min
Repos au congélateur 2 h
Conservation
- 1 semaine au congélateur, dans un récipient hermétique.

Pour 6 personnes
- 1 litre de glace pralinée ou noisette
- 50 g de noisettes décortiquées
- 50 g de chocolat Gianduja
- 50 g de biscuits sablés aux noisettes

1. Placez le Gianduja au réfrigérateur 1 h avant de préparer le dessert.
2. Sortez la glace du congélateur. Mixez les noisettes pour obtenir une poudre grossière, ajoutez les biscuits et mixez à nouveau par à-coups brefs. Râclez le Gianduja à l'aide d'un couteau-économe. Mélangez le tout avec le bout des doigts pour casser les copeaux de chocolat.
3. Façonnez des boulettes de glace à l'aide d'une cuillère à café et roulez-les dans le mélange aux noisettes. Posez-les sur une assiette plate, continuez jusqu'à épuisement des ingrédients, et entreposez 2 h au moins au congélateur.
4. Servez ces noisettes telles quelles, à grignoter avec le café ou en dessert, arrosées de chocolat chaud.

 Utilisez une grosse cuillère parisienne pour façonner vos boulettes plus facilement.

 Remplacez les biscuits par des gaufrettes, la glace pralinée par de la glace au chocolat et le Gianduja par du chocolat au lait.

Taboulé aux fruits exotiques

Combien de fois ne me suis-je insurgée contre ces taboulés pâlicots et grassouillets que l'on retrouve sur toutes les tables des buffets occidentaux. Rien à voir avec la recette libanaise d'origine, tout en herbe, légère et raffinée. Pour cette version sucrée, je conseille pourtant de revenir au couscous tant décrié, car le blé concassé oriental dominerait la saveur douce des fruits.

Préparation 20 min
Repos au frais 30 min
Conservation
- Déconseillée, le couscous se gorgerait de l'eau des fruits.

Pour 6 personnes
- 100 g de couscous fin précuit
- 2 oranges (jus)
- 1/2 citron vert (jus)
- 30 g de raisins secs
- 1 bonne cuil. à soupe de sucre en poudre
- 1 cuil. à soupe d'eau de fleur d'oranger
- 1/2 ananas victoria
- 1 fruit de la passion
- 1 petite mangue
- 1 kiwi
- 50 g de kumquats
- 1/2 grenade
- 1 bouquet de menthe

1. Pressez le jus des oranges et du 1/2 citron vert. Ajoutez l'eau de fleur d'oranger et le sucre. Versez le couscous et les raisins dans un saladier, arrosez avec ce jus, mélangez et laissez reposer au frais le temps de découper les fruits.

2. Lavez les kumquats et coupez-les en petits dés (retirez les pépins s'il y en a). Pelez la mangue, le kiwi, l'ananas

et coupez-les en dés. Égrainez la grenade et videz le fruit de la passion. Lavez, séchez et ciselez la menthe.

3. Mélangez les fruits, le couscous et la menthe. Laissez reposer 30 min au réfrigérateur. Servez bien frais.

 Pour bluffer vos invités, disposez les fruits et la menthe en petits tas sur le couscous et mélangez avant de servir.

 Utilisez les fruits de saison qui vous chantent.

Marquises au chocolat et aux framboises

Amatrice, voire accro de chocolat – noir, bien sûr – je rechigne à mélanger ma drogue favorite avec quoi que ce soit, fruits secs, fruits confits ou alcool. Pourtant, après avoir préparé ces marquises dix fois, j'eus envie de varier les plaisirs. Inventaire fait du réfrigérateur, j'optai pour cette boîte de framboises un peu fatiguées que je plantai au hasard dans mes ramequins, juste pour voir... Ça y était, le dessert avait trouvé son élan !

Préparation 20 min

Repos au congélateur au moins 3 h, au mieux 1 nuit

Conservation
- Plusieurs semaines au congélateur.

Pour 4 personnes
- 150 g de chocolat noir à 60% de cacao minimum
- 250 g de framboises
- 2 œufs
- 80 g de beurre mou
- 60 g de sucre glace
- 1 bonne pincée de noix muscade râpée
- 1 sachet de sucre vanillé
- 1 bonne pincée de poivre noir

1. Écrasez le beurre à la fourchette jusqu'à l'obtention d'une texture souple. Cassez le chocolat en morceaux et hachez-le très finement au robot (vous devez obtenir une poudre fine). Mélangez intimement le chocolat, le beurre, la muscade, le poivre et les jaunes d'œufs.
2. Montez les blancs en neige. Saupoudrez de 40 g de sucre glace et du sucre vanillé avant les derniers coups de fouet. Incorporez les blancs au chocolat, puis 100 g de framboises. Mélangez soigneusement. Versez dans des petits ramequins et lissez la surface. Entreposez 3 h au moins au congélateur, si possible 1 nuit.
3. Mixez le reste de framboises avec 20 g de sucre glace. Passez une lame de couteau chaude le long des parois pour démouler les marquises. Disposez dans les assiettes et arrosez de coulis de framboises. Décorez de copeaux de chocolat.

 Sortez les marquises du congélateur et laissez-les revenir à température 30 min avant de servir.

 ***Marquises au chocolat et au gingembre confit.*** Remplacez les framboises par 40 g de gingembre confit en morceaux.

Salade de mangues à l'indienne

On ignore souvent les graines de moutarde au profit d'autres qui nous sont plus familières : cumin, coriandre, tournesol, pavot. Elles possèdent pourtant une saveur à la fois ronde et épicée qui se marie très bien avec les fruits exotiques. N'oubliez pas de les concasser pour qu'elles libèrent leur arôme sans entraves.

Préparation 15 min
Repos au frais 1 h
Conservation
- 2 jours au frais.

Pour 4 personnes
- 2 belles mangues mûres à point
- 4 cuil. à soupe de lait de coco
- 4 cuil. à soupe de crème fraîche épaisse
- 1/2 cuil. à café de fleur de sel
- 1 cuil. à soupe de sucre en poudre
- 1 citron vert (jus)
- 1 cuil. à soupe de graines de moutarde
- 4 cuil. à soupe rases de noix de coco séchée râpée

1. Pelez les mangues et coupez-les en dés. Concassez les graines de moutarde. Dans un saladier, mélangez le lait de coco avec la crème fraîche, les graines de moutarde, le jus du citron vert, le sucre et le sel. Ajoutez les mangues et remuez délicatement. Placez au frais pendant 1 h.
2. Disposez dans les assiettes et saupoudrez de noix de coco râpée.

 Veillez bien à acheter du lait de coco et non de l'extrait, beaucoup plus épais.

 Ajoutez quelques dés de citron confit au sel ou encore quelques grains de grenade.

Index des recettes
par produits principaux

ABRICOT
Abricots au fromage de brebis 44
Abricots au parmesan 43
Sablés roses au pamplemousse 191
Tiramisù glacé aux abricots 189

ABRICOT SEC
Salade de panais aux abricots secs 94
Tartare d'asperges sauvages aux pignons et aux abricots 138

AGNEAU
Boulettes d'agneau au blé 143

AIL
Feuilles de fenouil à l'anchoïade 48
Purée d'ail à la libanaise 36
Tartines de bar au pistou de noix 109
Tartines de dorade au pistou de noix 110
Tartines de turbot au pistou de noix 110
Vinaigrette douce à l'ail 28

ALCOOL DE NOIX
Glace aux abricots et à l'alcool de noix 201

AMANDE
Amande effilée : Fraises melba au champagne 186
Amande effilée : Framboises melba au champagne 187
Amande effilée : Pousses d'épinards au chocolat amer 89
Amande effilée : Salade de céleri-rave aux herbes et aux amandes 100
Amande effilée : Salade de radis noir aux herbes et aux amandes 99
Amande émondée : Boulettes de chèvre au raisin 59
Amande émondée : Carottes aux amandes et à la fleur d'oranger 94
Amande émondée : Chou pommé aux amandes et à la fleur d'oranger 95
Amande émondée : Soupe de tomate aux fraises 121
Amande en poudre : Tartelettes de chèvre aux champignons 103

AMARETTI
(MACARONS ITALIENS)
Pêches à la mousse de mascarpone 189
Pêches au caillé de brebis 190
Tiramisù glacé aux abricots 189
Tiramisù glacé aux fraises 189
Tiramisù glacé aux griottes 187

ANANAS

Fraisananas au Grand Marnier 181

Salade d'ananas croque et pique 194

Salade exotique de jambon aux carottes 87

Salade exotique de jambon aux courgettes 88

Taboulé aux fruits exotiques 204

ANCHOIS

Feuilles de fenouil à l'anchoïade 48

Pans-bagnats à ma façon 104

Salade César au vinaigre balsamique 66

Tartare de tomates à la menthe 134

Tomates olives au caviar provençal 54

ANETH

Carpaccio de maquereau façon gravlax 167

Carpaccio de saumon façon gravlax 166

Crème glacée d'avocat aux œufs de saumon 126

Mayonnaise aux herbes 66

Salade d'herbes juste cueillies 64

Salade de céleri-rave aux herbes et aux amandes 100

Salade de crabe aux herbes 85

Salade de pourpier au zeste de citron 70

Salade de radis noir aux herbes et aux amandes 99

Sandwichs moelleux au saumon fumé 110

Timbales de saumon fumé à l'avocat 117

Timbales de truite fumée à l'avocat 116

ANIS (EN GRAINS)

Carpaccio de dorade aux agrumes 168

ARTICHAUT

Feuilles d'artichauts à la mimolette et à l'huile d'olive 160

Feuilles d'artichauts au cantal et à l'huile de truffe 159

Tartare d'artichauts au chèvre 133

Tartare d'artichauts au comté 133

Tartare d'artichauts au parmesan 132

ASPERGE

Asperge sauvage : Tartare d'asperges sauvages aux pignons et aux abricots 138

Bouchons d'asperges en robe de graines 44

AUBERGINE

Salade d'aubergines tête de chat 80

AVOCAT

Cabillaud au lait de coco 163

Crème glacée d'avocat au saumon fumé 127

Crème glacée d'avocat aux œufs de saumon 126

Crevettes au lait de coco 163

Émincé de poires et d'avocats au parmesan 156

Émincé de poires et d'avocats aux baies roses 155

Grenadier au lait de coco 162

Guacamole 31

Purée d'avocat à la crème de sésame 30

Salade chilienne aux pommes vertes 97
Soupe de tomate aux fraises 121
Timbales de saumon fumé à l'avocat 117
Timbales de truite fumée à l'avocat 116

BAGUETTE
Bouchées de sardines au sel 57
Pan tomaquet au jambon de Bayonne 111

BAIES ROSES
Abricots au fromage de brebis 44
Abricots au parmesan 43
Émincé de poires et d'avocats aux baies roses 155
Melon citronné aux baies roses 74

BANANE
Raita de banane 29

BAR
Carpaccio de bar à la japonaise 168
Ceviche de bar aux deux citrons 123
Tartare de poisson au gingembre 136
Tartines de bar au pistou de noix 109

BASILIC
Carpaccio de melon à la mozzarella 153
Mayonnaise aux herbes 66
Pans-bagnats à ma façon 104
Pâte de tomates séchées 38

Salade d'herbes juste cueillies 64
Sauce vierge aux légumes de Provence 28
Tartare de tomates au basilic 135
Tartines de bar au pistou de noix 109
Tartines de dorade au pistou de noix 110
Tartines de turbot au pistou de noix 110
Tomates olives au caviar provençal 54

BEAUFORT
Allumettes de céleri au beaufort 97

BETTERAVE
Salade de betteraves aux noix 79
Vinaigrette de betterave 26

BISCUITS À LA CUILLÈRE
Biscuits roses de Reims 191
Charlotte légère chocafé 195

BISCUITS SABLÉS AUX NOISETTES
Noisettes glacées croustillantes 202

BLEU D'AUVERGNE
Endives aux poires et au bleu d'Auvergne 87

BLEU DES CAUSSES
Terrine de fromage aux deux figues 112

BŒUF
Rouleaux de bœuf au céleri et aux truffes 160
Tartare de bœuf à la thaïe 135

BOULGHOUR
Boulettes d'agneau au blé 143
Faisselle au blé concassé 35

BROUSSE DE BREBIS
Faisselle au blé concassé 35

BROUSSE DE VACHE
Terrine de fromage aux deux figues 112

CACAHUÈTE
Tartare de bœuf à la thaïe 135

CACAO EN POUDRE
Charlotte légère chocafé 195
Parfait glacé aux marrons et à la fleur d'oranger 196

CAFÉ
Charlotte légère chocafé 195

CAILLÉ DE BREBIS
Caillé de brebis glacé à la mangue 193
Crémet de brebis au coulis de framboise 182
Pêches au caillé de brebis 190

CANARD
Carpaccio de canard aux groseilles 174

CANNELLE EN POUDRE
Concombre à la marmelade de noix 50
Crème glacée à la cannelle 199
Crème glacée miel-cannelle 198
Crème glacée miel-cannelle à l'orange confite 199

Foie gras au sel et aux épices 114
Fromage blanc au coulis de framboise 183
Sablés roses au pamplemousse 191
Salade d'oranges aux pistaches et à l'huile d'olive 185
Truffes de dattes aux pignons 200
Truffes de figues aux pignons 200
Truffes de pruneaux aux noix 199

CANTAL
Cresson et grenade au cantal 85
Feuilles d'artichauts au cantal et à l'huile de truffe 159
Mâche et grenade au cantal 85

CÂPRES
Câpres au sel : Tartare de mozzarella aux câpres 139
Câpres au vinaigre : Carpaccio d'espadon aux câpres 157
Câpres au vinaigre : Champignons farcis au tartare de jambon fumé 149
Câpres au vinaigre : Makis express au pain, cresson et cheddar 46
Câpres au vinaigre : Sauce vierge aux légumes de Provence 28
Câpres au vinaigre : Tomates olives au caviar provençal 54

CARDAMOME
Capsules (gousses) de cardamome : Purée de pommes vertes aux épices 34
Capsules (gousses) de cardamome : Salade de fèves à la cardamome 83

Capsules (gousses)
de cardamome : Salade
de haricots verts
à la cardamome 82
Cardamome en poudre : Foie
gras au sel et aux épices 114

CAROTTE

Carottes aux amandes
et à la fleur d'oranger 94
Salade exotique de jambon
aux carottes 87
Tagliatelles de légumes
au chèvre pané 172

CARVI (GRAINES)

Purée de noix au carvi 37

CÉLERI

Céleri-branche : Tagliatelles
de légumes au chèvre pané
172
Céleri-rave : Allumettes
de céleri au beaufort 97
Céleri-rave : Allumettes
de céleri au gruyère 96
Céleri-rave : Allumettes
de céleri et de comté
aux noix 96
Céleri-rave : Feuilles de veau
à la vanille 176
Céleri-rave : Rouleaux de bœuf
au céleri et aux truffes 160
Céleri-rave : Rouleaux
de noix de veau au céleri
et aux truffes 161
Céleri-rave : Rouleaux
de saumon à la rémoulade
de chou 53
Céleri-rave : Rouleaux
de viande des grisons au
céleri et aux truffes 161
Céleri-rave : Salade
de céleri-rave aux herbes et
aux amandes 100

CÈPE

Cèpe frais : Émincé de cèpes
à la crème de noix 163
Cèpe frais : Tartelettes
de chèvre aux champignons
103
Cèpe sec : Tagliatelles
de légumes au chèvre pané
172

CERFEUIL

Allumettes de céleri au beaufort
97
Allumettes de céleri au gruyère
96
Allumettes de céleri
et de comté aux noix 96
Carpaccio de radis noir
à la mimolette 154
Carpaccio de radis noir
au fromage de brebis 155
Mayonnaise aux herbes 66
Pousses d'épinards
à la poutargue 78
Purée de pommes vertes
aux épices 34
Salade d'herbes juste cueillies
64
Salade de betteraves aux noix
79
Salade de céleri-rave aux herbes
et aux amandes 100
Salade de pourpier au zeste
de citron 70
Salade de radis noir aux herbes
et aux amandes 99
Tartare de poulet aux noix
et aux figues 148
Tartare de poulet aux noix
et aux raisins 147
Triangles de brebis à la pâte
de coing 52
Triangles de comté à la pâte
de coing 53

CHAMPAGNE

Champagne aux fraises 187
Fraises melba au champagne 186
Framboises melba au champagne 187
Granité de mangues et citron vert au champagne 190

CHAMPIGNON DE PARIS

Champignons farcis au tartare de jambon cru 148
Champignons farcis au tartare de jambon fumé 149
Émincé de champignons de Paris à la crème de noix 164
Tartare d'artichauts au chèvre 133
Tartare d'artichauts au comté 133
Tartare d'artichauts au parmesan 132
Tartelettes de chèvre aux champignons 103

CHEDDAR

Makis express au pain, cresson et cheddar 46

CHÈVRE

Chèvre frais : Boulettes de chèvre au raisin 59
Chèvre frais : Tartelettes de chèvre aux champignons 103
Chèvre frais : Tartines chèvre frais-cresson 107
Chèvre frais : Tartines chèvre frais-pissenlits 107
Chèvre frais : Tartines chèvre frais-rucola 107
Chèvre frais : Terrine de fromage aux deux figues 112
Chèvre sec : Tartare d'artichauts au chèvre 133

CHOCOLAT

Chocolat au lait : Mousse au chocolat au lait 184
Chocolat noir amer : Charlotte légère chocafé 195
Chocolat noir amer : Mâche au chocolat amer 88
Chocolat noir amer : Marquises au chocolat et au gingembre confit 206
Chocolat noir amer : Marquises au chocolat et aux framboises 205
Chocolat noir amer : Noisettes glacées croustillantes 202
Chocolat noir amer : Pousses d'épinards au chocolat amer 89

CHORIZO

Râpée de courgettes au chorizo 98
Râpée de courgettes au saucisson sec 10

CHOU

Chou blanc pommé façon coleslaw 69
Chou chinois façon coleslaw 68
Chou pommé aux amandes et à la fleur d'oranger 95
Faisselle au blé concassé 35
Feuilles de veau à la vanille 176
Purée de pommes vertes aux épices 34
Rouleaux de saumon à la rémoulade de chou 53

CIBOULETTE

Crackers mis au vert 45
Mayonnaise aux herbes 66
Rouleaux de saumon à la rémoulade de chou 53
Salade d'herbes juste cueillies 64

Salade de céleri-rave
  aux herbes et aux amandes
  100
Salade de crabe aux herbes 85
Salade de radis noir aux herbes
  et aux amandes 99

CITRON

Citron confit : Fenouil à l'huile
  d'olive et au citron confit 170
Citron confit : Fenouil
  à la crème de citron confit
  170
Citron jaune : Carpaccio
  de dorade aux agrumes 168
Citron jaune : Ceviche de bar
  aux deux citrons 123
Citron jaune : Ceviche
  de cabillaud aux deux citrons
  123
Citron jaune : Ceviche de lotte
  aux deux citrons 143
Citron jaune : Salade de citrons
  aux olives et à l'origan 69
Citron jaune : Salade de pourpier
  au zeste de citron 70
Citron vert : Ceviche de bar
  aux deux citrons 123
Citron vert : Ceviche
  de cabillaud aux deux citrons
  123
Citron vert : Ceviche de lotte
  aux deux citrons 143
Citron vert : Granité de mangues
  et citron vert au champagne
  190
Citron vert : Melon citronné
  au poivre de Setchuan 75
Citron vert : Melon citronné
  aux baies roses 74
Citron vert : Salade de mangues
  à l'indienne 206
Citron vert : Taboulé aux fruits
  exotiques 204

CITRONNELLE

Tartare de bœuf à la thaïe 135

CLOUS DE GIROFLE

Foie gras au sel et aux épices
  114

COGNAC

Charlotte légère chocafé 195
Salade d'ananas croque
  et pique 194

COING

Triangles de brebis à la pâte
  de coing 52
Triangles de comté à la pâte
  de coing 53

COMTÉ

Allumettes de céleri et de comté
  aux noix 96
Cigarettes de comté à l'huile
  de truffe 51
Tartare d'artichauts au comté
  133
Triangles de comté à la pâte
  de coing 53

CONCOMBRE

Concombre à la marmelade
  de noix 50
Saumon mariné aux lanières
  de concombre 63
Soupe de concombre au yaourt
  125
Timbales de saumon fumé
  à l'avocat 117
Velouté de concombre au lait
  de brebis 122
Velouté de concombre au lait
  de vache 123
Velouté de concombre au yaourt
  grec 123

CORIANDRE

Coriandre en graines : Bouchons d'asperges en robe de graines 44

Coriandre en graines : Guacamole 31

Coriandre en graines : Soupe de concombre au yaourt 125

Coriandre en poudre : Boulettes d'agneau au blé 143

Coriandre en poudre : Fenouil à l'huile d'olive et au citron confit 170

Coriandre en poudre : Fenouil à la crème de citron confit 170

Coriandre fraîche : Boulettes de chèvre au raisin 59

Coriandre fraîche : Carottes aux amandes et à la fleur d'oranger 94

Coriandre fraîche : Chou pommé aux amandes et à la fleur d'oranger 95

Coriandre fraîche : Crackers mis au vert 45

Coriandre fraîche : Cresson et grenade à la tomme de chèvre 85

Coriandre fraîche : Cresson et grenade au cantal 85

Coriandre fraîche : Cresson et grenade au fromage de brebis 83

Coriandre fraîche : Faisselle au blé concassé 35

Coriandre fraîche : Guacamole 31

Coriandre fraîche : Mâche et grenade à la tomme de chèvre 85

Coriandre fraîche : Mâche et grenade au cantal 85

Coriandre fraîche : Mâche et grenade au fromage de brebis 85

CORNICHON

Champignons farcis au tartare de jambon cru 148

Tartare de saucisson 145

Tartare de tomates à la menthe 134

Tartare de tomates au basilic 135

COTTAGE CHEESE

Cottage cheese aux noisettes 33

Cottage cheese aux noix 33

COURGETTE

Râpée de courgettes au chorizo 98

Salade exotique de jambon aux courgettes 88

Salade toute verte aux courgettes, pistaches et raisin 73

Tagliatelles de légumes au chèvre pané 172

Tartare de courgettes aux pignons et aux raisins secs 139

COUSCOUS FIN

Taboulé aux fruits exotiques 204

CRABE

Salade de crabe aux herbes 85

CRACKERS

Crackers mis au vert 45

CRÈME DE MARRON

Parfait glacé aux marrons et à la fleur d'oranger 196

CRÈME DE SÉSAME (TAHINI)

Purée d'avocat à la crème de sésame 30

CRESSON

Cresson et grenade à la tomme de chèvre 85
Cresson et grenade au cantal 85
Cresson et grenade au fromage de brebis 83
Makis express au pain, cresson et cheddar 46
Salade de fraises au cresson 71
Tartines chèvre frais-cresson 107
Tartines ricotta-cresson 107

CREVETTE

Crevettes au lait de coco 163

CUMIN

Cumin en graines : Carottes aux amandes et à la fleur d'oranger 94
Cumin en graines : Chou pommé aux amandes et à la fleur d'oranger 95
Cumin en graines : Faisselle au blé concassé 35
Cumin en graines : Purée de pommes vertes aux épices 34
Cumin en graines : Raita de banane 29
Cumin en graines : Soupe de concombre au yaourt 125
Cumin en poudre : Boulettes d'agneau au blé 143
Cumin en poudre : Curry en poudre 171
Cumin en poudre : Haddock au miel et au curry 172
Cumin en poudre : Haddock aux raisins et au curry 171
Cumin en poudre : Salade de citrons aux olives et à l'origan 69

DATTE

Salade de panais aux dattes 94
Truffes de dattes aux pignons 200

DAURADE ROYALE

Tartare de poisson au gingembre 136

DINDE (ESCALOPES)

Bouchées de dinde au jambon de Bayonne 56

DORADE

Carpaccio de dorade à la japonaise 168
Carpaccio de dorade aux agrumes 168
Tartare de dorade aux pommes vertes 142
Tartines de dorade au pistou de noix 110

EAU-DE-VIE DE MIRABELLE

Glace aux mirabelles et... aux mirabelles 200

EAU DE FLEUR D'ORANGER

Carottes aux amandes et à la fleur d'oranger 94
Chou pommé aux amandes et à la fleur d'oranger 95
Parfait glacé aux marrons et à la fleur d'oranger 196
Sablés roses au pamplemousse 191
Salade d'oranges aux pistaches et à l'huile d'olive 185

Taboulé aux fruits exotiques 204

ÉCHALOTE
Vinaigrette douce aux échalotes 27

EMMENTHAL
Cigarettes d'emmenthal à l'huile de truffe 51

ENDIVE
Endives aux poires et au bleu d'Auvergne 87
Endives aux pommes et au roquefort 86

ÉPINARD
Pousses d'épinards à la poutargue 78
Pousses d'épinards au chocolat amer 89

ESPADON
Carpaccio d'espadon aux câpres 157
Carpaccio d'espadon aux tomates séchées 156
Tartare d'espadon au poulet fumé 140
Tartare d'espadon aux poires et aux noisettes 132
Tartare de poisson au gingembre 136

ESTRAGON
Haddock au miel et au curry 172
Tagliatelles de légumes au chèvre pané 172
Tartare de dorade aux pommes vertes 142
Tartare de lotte aux pommes vertes 143
Tartare de seiche aux pommes vertes 143

FENOUIL
Fenouil à l'huile d'olive et au citron confit 170
Fenouil à la crème de citron confit 170
Feuilles de fenouil à l'anchoïade 48

FÈVE
Fèves aux poires et à la menthe 76
Salade de fèves à la cardamome 83

FIGUE SÈCHE
Salade de panais aux figues sèches 93
Tartare de poulet aux noix et aux figues 148
Terrine de fromage aux deux figues 112
Truffes de figues aux pignons 200

FOIE GRAS
Carpaccio de foie gras au pain d'épice 164
Carpaccio de foie gras au pain d'épice et aux pommes vertes 165
Carpaccio de foie gras aux pommes vertes 165
Croqu'huîtres au foie gras 60
Foie gras au sel et aux épices 114

FOURME D'AMBERT
Makis express au pain, noix et fourme 46

FRAISE
Champagne aux fraises 187

Fraisananas au Grand Marnier 181
Fraises melba au champagne 186
Salade de fraises à la mâche 72
Salade de fraises à la menthe 201
Salade de fraises à la menthe et au piment 201
Salade de fraises à la menthe et au poivre 202
Salade de fraises au cresson 71
Soupe de tomate aux fraises 121
Tiramisù glacé aux fraises 189

FRAISE DES BOIS

Fraisananas au Grand Marnier 181

FRAMBOISE

Crémet de brebis au coulis de framboise 182
Framboises melba au champagne 187
Fromage blanc au coulis de framboise 183
Marquises au chocolat et aux framboises 205

FROMAGE BLANC

Faisselle au blé concassé 35
Fromage blanc au coulis de framboise 183
Fromage blanc égoutté aux noisettes 33
Fromage blanc égoutté aux noix 33
Salade de panais aux abricots secs 94
Salade de panais aux dattes 94
Salade de panais aux figues sèches 93

FROMAGE DE BREBIS

Abricots au fromage de brebis 44
Carpaccio de radis noir au fromage de brebis 155
Cresson et grenade au fromage de brebis 83
Triangles de brebis à la pâte de coing 52

FROMAGE DE CHÈVRE

Tagliatelles de légumes au chèvre pané 172

FROMAGE FRAIS

Sandwichs moelleux au saumon fumé 110
Saumon mariné aux lanières de concombre 63

FRUIT DE LA PASSION

Taboulé aux fruits exotiques 204

GINGEMBRE

Gingembre confit : Marquises au chocolat et au gingembre confit 206
Gingembre en poudre : Carpaccio de bar à la japonaise 168
Gingembre en poudre : Carpaccio de dorade à la japonaise 168
Gingembre en poudre : Carpaccio de rascasse à la japonaise 167
Gingembre en poudre : Foie gras au sel et aux épices 114
Gingembre en poudre : Haddock au miel et au curry 172
Gingembre en poudre : Haddock aux raisins et au curry 171
Gingembre en poudre : Salade d'ananas croque et pique 194

Gingembre frais : Boulettes
de chèvre au raisin 59
Gingembre frais : Purée
de pommes vertes
aux épices 34
Gingembre frais : Tartare
de poisson au gingembre 136

GORGONZOLA
Terrine de fromage aux deux
figues 112

GRAND MARNIER
Fraisananas au Grand Marnier
181

GRENADE
Cresson et grenade à la tomme
de chèvre 85
Cresson et grenade
au cantal 85
Cresson et grenade au fromage
de brebis 83
Mâche et grenade à la tomme
de chèvre 85
Mâche et grenade
au cantal 85
Taboulé aux fruits exotiques
204

GRENADIER
Grenadier au lait de coco 162

GRIOTTE (AU SIROP)
Tiramisù glacé aux griottes 187

GROSEILLE
Carpaccio de canard
aux groseilles 174

GRUYÈRE
Allumettes de céleri
au gruyère 96
Cigarettes de gruyère à l'huile
de truffe 51

HADDOCK
Haddock au miel et au curry
172
Haddock aux raisins et au curry
171

HARICOT VERT
Salade de haricots verts
à la cardamome 82

HERBES DE PROVENCE
Tomates olives au caviar
provençal 54

HUILE D'AMANDE
Salade de céleri-rave aux herbes
et aux amandes 100
Salade de radis noir aux herbes
et aux amandes 99
Tartelettes de chèvre
aux champignons 103

HUILE DE COLZA
Feuilles de veau à la vanille 176

HUILE DE MAÏS
Feuilles de veau à la vanille 176

HUILE DE NOISETTE
Bouchons d'asperges en robe
de graines 44
Carpaccio de dorade
aux agrumes 168
Fèves aux poires et à la menthe
76
Petits pois aux pommes
et à la menthe 75
Salade chilienne aux pommes
vertes 97
Tagliatelles de légumes
au chèvre pané 172

HUILE DE NOIX

Allumettes de céleri au beaufort 97
Allumettes de céleri au gruyère 96
Allumettes de céleri et de comté aux noix 96
Bouchons d'asperges en robe de graines 44
Champignons farcis au tartare de jambon fumé 149
Cresson et grenade à la tomme de chèvre 85
Cresson et grenade au cantal 85
Cresson et grenade au fromage de brebis 83
Émincé de cèpes à la crème de noix 163
Émincé de champignons de Paris à la crème de noix 164
Mâche et grenade à la tomme de chèvre 85
Mâche et grenade au cantal 85
Pousses d'épinards à la poutargue 78
Salade de céleri-rave aux herbes et aux amandes 100
Salade de radis noir aux herbes et aux amandes 99
Tartar d'asperges sauvages aux pignons et aux abricots 138
Tartar de courgettes aux pignons et aux raisins secs 139
Tartar de dorade aux pommes vertes 142
Tartar de lotte aux pommes vertes 143
Tartar de mozzarella aux câpres 139
Tartar de mozzarella aux olives noires 140
Tartare de poulet aux noix et aux figues 148
Tartare de poulet aux noix et aux raisins 147
Tartare de seiche aux pommes vertes 143
Tartines chèvre frais-cresson 107
Tartines chèvre frais-pissenlits 107
Tartines chèvre frais-rucola 107
Tartines ricotta-cresson 107
Tartines ricotta-pissenlits 107
Tartines ricotta-rucola 106
Terrine de fromage aux deux figues 112
Vinaigrette douce à l'ail 28
Vinaigrette douce à l'oignon rouge 28
Vinaigrette douce aux échalotes 27

HUILE DE PÉPINS DE RAISIN

Feuilles de veau à la vanille 176
Fèves aux poires et à la menthe 76
Mâche au chocolat amer 88
Petits pois aux pommes et à la menthe 75
Pousses d'épinards au chocolat amer 89
Tartare de poulet aux noix et aux figues 148
Tartare de poulet aux noix et aux raisins 147
Tartelettes de chèvre aux champignons 103
Vinaigrette de betterave 26

HUILE DE PIGNON

Salade toute verte aux courgettes, pistaches et raisin 73
Tartar d'asperges sauvages aux pignons et aux abricots 138

index
221

Tartare de courgettes aux pignons et aux raisins secs 139

HUILE DE PISTACHE

Champignons farcis au tartare de jambon cru 148

HUILE DE SÉSAME

Bouchons d'asperges en robe de graines 44
Tartare de thon aux poires et au sésame 131

HUILE DE TOURNESOL

Purée de pommes vertes aux épices 34
Salade exotique de jambon aux carottes 87
Salade exotique de jambon aux courgettes 88

HUILE DE TRUFFE

Cigarettes d'emmenthal à l'huile de truffe 51
Cigarettes de comté à l'huile de truffe 51
Cigarettes de gruyère à l'huile de truffe 51
Feuilles d'artichauts au cantal et à l'huile de truffe 159
Rouleaux de bœuf au céleri et aux truffes 160
Rouleaux de noix de veau au céleri et aux truffes 161
Rouleaux de viande des grisons au céleri et aux truffes 161

HUÎTRE

Croqu'huîtres au foie gras 60

JAMBON

Jambon blanc : Salade exotique de jambon aux carottes 87
Jambon blanc : Salade exotique de jambon aux courgettes 88
Jambon cru : Champignons farcis au tartare de jambon cru 148
Jambon cru : Tartare de noix de Saint-Jacques au jambon de Bayonne 147
Jambon cru : Tartare de noix de Saint-Jacques au jambon serrano 146
Jambon fumé : Champignons farcis au tartare de jambon fumé 149

KIWI

Taboulé aux fruits exotiques 204

KUMQUAT

Taboulé aux fruits exotiques 204

LAIT CONCENTRÉ NON SUCRÉ

Tiramisù glacé aux abricots 189
Tiramisù glacé aux fraises 189
Tiramisù glacé aux griottes 187

LAIT DE BREBIS

Velouté de concombre au lait de brebis 122

LAIT DE COCO

Cabillaud au lait de coco 163
Crevettes au lait de coco 163
Grenadier au lait de coco 162
Salade de mangues à l'indienne 179

LIQUEUR AMARETTO

Pêches à la mousse
de mascarpone 189
Pêches au caillé de brebis 190
Tiramisù glacé aux abricots 189
Tiramisù glacé aux fraises 189
Tiramisù glacé aux griottes 187

LOTTE

Ceviche de lotte aux deux
citrons 143
Tartare de lotte aux pommes
vertes 143

MÂCHE

Mâche et grenade à la tomme
de chèvre 85
Mâche et grenade au cantal 85
Salade de fraises à la mâche 72

MADÈRE

Caillé de brebis glacé
à la mangue 193
Crème glacée à la mangue 193
Sablés roses au pamplemousse
191

MANGUE

Caillé de brebis glacé
à la mangue 193
Crème glacée à la mangue 193
Granité de mangues et citron
vert au champagne 190
Salade de mangues à l'indienne
206
Taboulé aux fruits exotiques 204

MAQUEREAU

Carpaccio de maquereau façon
gravlax 167
Tartare de poisson au gingembre
136

MARC DE CHAMPAGNE

Granité de mangues et citron
vert au champagne 190

MARJOLAINE

Salade d'herbes juste cueillies
64

MARRONS GLACÉS

Parfait glacé aux marrons
et à la fleur d'oranger 196

MASCARPONE

Pêches à la mousse
de mascarpone 189
Tiramisù glacé aux abricots 189
Tiramisù glacé aux fraises 189
Tiramisù glacé aux griottes 187

MELON

Carpaccio de melon
à la mozzarella 153
Melon citronné au poivre
de Setchuan 75
Melon citronné aux baies roses
74
Soupe fraîche de melon vert 127

MENTHE

Menthe fraîche : Fèves
aux poires et à la menthe 76
Menthe fraîche : Mayonnaise
aux herbes 66
Menthe fraîche : Petits pois
aux pommes et à la menthe
75
Menthe fraîche : Salade
d'herbes juste cueillies 64
Menthe fraîche : Salade
de fraises à la menthe 201
Menthe fraîche : Salade
de fraises à la menthe
et au piment 201
Menthe fraîche : Salade
de fraises à la menthe
et au poivre 202

Menthe fraîche : Salade de radis noir aux herbes et aux amandes 99
Menthe fraîche : Salade toute verte aux courgettes, pistaches et raisin 73
Menthe fraîche : Taboulé de fruits exotiques 204
Menthe fraîche : Tartare de tomates à la menthe 134
Menthe séchée : Purée de pommes vertes aux épices 34
Menthe séchée : Salade de panais aux abricots secs 94
Menthe séchée : Salade de panais aux dattes 94
Menthe séchée : Salade de panais aux figues sèches 93

MIEL

Crème glacée miel-cannelle 198
Granité de mangues et citron vert au champagne 190
Haddock au miel et au curry 172
Purée de noix au carvi 37
Salade d'ananas croque et pique 194
Salade d'aubergines tête de chat 80
Soupe fraîche de melon vert 127

MIMOLETTE

Carpaccio de radis noir à la mimolette 154
Feuilles d'artichauts à la mimolette et à l'huile d'olive 160

MIRABELLE

Glace aux mirabelles et... aux mirabelles 200

MOUTARDE EN GRAINS

Allumettes de céleri au beaufort 97
Allumettes de céleri au gruyère 96
Allumettes de céleri et de comté aux noix 96
Feuilles de veau à la vanille 176
Salade de mangues à l'indienne 206
Tartare de saucisson 145
Timbales de saumon fumé à l'avocat 117
Timbales de truite fumée à l'avocat 116

MOZZARELLA

Carpaccio de melon à la mozzarella 153
Tartare de mozzarella aux câpres 139
Tartare de mozzarella aux olives noires 140

NOISETTE

Noisette décortiquée : Cottage cheese aux noisettes 33
Noisette décortiquée : Fromage blanc égoutté aux noisettes 33
Noisette décortiquée : Mousse au chocolat au lait 184
Noisette décortiquée : Noisettes glacées croustillantes 179
Noisette décortiquée : Salade d'ananas croque et pique 194
Noisette décortiquée : Tagliatelles de légumes au chèvre pané 172
Noisette décortiquée : Tartare d'espadon aux poires et aux noisettes 132

Noisette décortiquée : Tartare de thon blanc aux poires et aux noisettes 132
Noisette en poudre : Fèves aux poires et à la menthe 76
Noisette en poudre : Petits pois aux pommes et à la menthe 75

NOIX

Allumettes de céleri au beaufort 97
Allumettes de céleri au gruyère 96
Allumettes de céleri et de comté aux noix 96
Boulettes de chèvre au raisin 59
Concombre à la marmelade de noix 50
Cottage cheese aux noix 33
Émincé de cèpes à la crème de noix 163
Émincé de champignons de Paris à la crème de noix 164
Faisselle au blé concassé 35
Fenouil à la crème de citron confit 170
Feuilles de veau à la vanille 176
Fromage blanc égoutté aux noix 33
Makis express au pain, noix et fourme 46
Parfait glacé aux marrons et à la fleur d'oranger 196
Pousses d'épinards à la poutargue 78
Pousses d'épinards au chocolat amer 89
Purée de noix au carvi 37
Salade de betteraves aux noix 79
Tartare de poulet aux noix et aux figues 148
Tartare de poulet aux noix et aux raisins 147
Tartines chèvre frais-cresson 107
Tartines chèvre frais-pissenlits 107
Tartines chèvre frais-rucola 107
Tartines de bar au pistou de noix 109
Tartines de dorade au pistou de noix 110
Tartines de turbot au pistou de noix 110
Tartines ricotta-cresson 107
Tartines ricotta-pissenlits 107
Tartines ricotta-rucola 106
Terrine de fromage aux deux figues 112
Truffes de pruneaux aux noix 199

NOIX DE CAJOU

Guacamole 31

NOIX DE COCO RÂPÉE

Raita de banane 29
Salade de mangues à l'indienne 206

NOIX MUSCADE

Carottes aux amandes et à la fleur d'oranger 94
Chou pommé aux amandes et à la fleur d'oranger 95
Croqu'huîtres au foie gras 60
Foie gras au sel et aux épices 114
Marquises au chocolat et au gingembre confit 206
Marquises au chocolat et aux framboises 205
Pans-bagnats à ma façon 104
Salade de fèves à la cardamome 83

Salade de haricots verts
  à la cardamome 82
Soupe fraîche de melon vert
  127
Tartelettes de chèvre
  aux champignons 103
Terrine de fromage aux deux
  figues 112

NUOC-MÂM

Tartare de bœuf à la thaïe 135

ŒUF (BLANC)

Crème glacée à la cannelle 199
Crème glacée miel-cannelle 198
Crème glacée miel-cannelle
  à l'orange confite 199
Glace aux abricots et à l'alcool
  de noix 201
Glace aux mirabelles et...
  aux mirabelles 200
Pêches à la mousse
  de mascarpone 189
Pêches au caillé de brebis 190

ŒUF (JAUNE)

Champignons farcis au tartare
  de jambon cru 148
Champignons farcis au tartare
  de jambon fumé 149
Marquises au chocolat
  et au gingembre confit 206
Marquises au chocolat
  et aux framboises 205
Râpée de courgettes au chorizo
  98
Râpée de courgettes
  au saucisson 99

ŒUFS DE CABILLAUD FUMÉS

Tarama maison 39

ŒUFS DE SAUMON

Crème glacée d'avocat
  aux œufs de saumon 126
Timbales de truite fumée
  à l'avocat 116

OLIVE NOIRE

Makis express au pain, olives
  et ricotta 46
Pans-bagnats à ma façon 104
Pâte de tomates séchées 38
Salade d'aubergines tête
  de chat 80
Salade de citrons aux olives
  et à l'origan 69
Tartare de mozzarella aux olives
  noires 140
Tartare de tomates à la menthe
  134
Tartare de tomates au basilic 135
Tomates olives au caviar
  provençal 54

OLIVE VERTE

Bouchées de dinde au jambon
  de Bayonne 56
Feuilles de fenouil à l'anchoïade
  48
Râpée de courgettes
  au saucisson 99
Râpée de courgettes au chorizo
  98
Salade de citrons aux olives
  et à l'origan 69

ORANGE

Carottes aux amandes
  et à la fleur d'oranger 94
Carpaccio de dorade
  aux agrumes 168
Chou pommé aux amandes
  et à la fleur d'oranger 95
Fraisananas au Grand Marnier
  181

Salade d'oranges aux pistaches
et à l'huile d'olive 185
Salade exotique de jambon
aux carottes 87
Salade exotique de jambon
aux courgettes 88
Sauce moutarde-orange 25
Taboulé aux fruits exotiques
204

ORANGE CONFITE

Crème glacée miel-cannelle
à l'orange confite 199
Sablés roses au pamplemousse
191

ORIGAN SÉCHÉ

Salade de citrons aux olives
et à l'origan 69

OSEILLE

Salade d'herbes juste cueillies
64

PAIN

Pans-bagnats à ma façon 104
Pan tomaquet au jambon
de Bayonne 111
Sandwichs moelleux au saumon
fumé 110
Tartare de mozzarella
aux câpres 139
Tartare de mozzarella aux olives
noires 140
Tartines campagnardes
de sardines aux pommes
vertes 107
Tartines campagnardes de thon
aux pommes vertes 108
Tartines chèvre frais-cresson
107
Tartines chèvre frais-pissenlits
107
Tartines chèvre frais-rucola 107
Tartines de bar au pistou
de noix 109
Tartines de dorade au pistou
de noix 110
Tartines de turbot au pistou
de noix 110
Tartines ricotta-cresson 107
Tartines ricotta-pissenlits 107
Tartines ricotta-rucola 106

PAIN AUX CÉRÉALES

Sandwichs moelleux au saumon
fumé 110

PAIN AUX NOIX

Croqu'huîtres au foie gras 60

PAIN D'ÉPICE

Carpaccio de foie gras au pain
d'épice 164
Carpaccio de foie gras au pain
d'épice et aux pommes vertes
165

PAIN DE MIE

Concombre à la marmelade
de noix 50
Makis express au pain, cresson
et cheddar 46
Makis express au pain, noix
et fourme 46
Makis express au pain, olives
et ricotta 46
Purée d'ail à la libanaise 36
Purée de noix au carvi 37

PAMPLEMOUSSE

Carpaccio de dorade
aux agrumes 168
Sablés roses au pamplemousse
191
Salade de fraises à la mâche 72

Salade de fraises au cresson 71

PANAIS
Salade de panais aux abricots secs 94
Salade de panais aux dattes 94
Salade de panais aux figues sèches 93

PARMESAN
Abricots au parmesan 43
Émincé de poires et d'avocats au parmesan 156
Noix de Saint-Jacques au parmesan et au poivre noir 158
Noix de Saint-Jacques au parmesan et aux truffes 159
Salade César au vinaigre balsamique 66
Salade toute verte aux courgettes, pistaches et raisin 73
Tartare d'artichauts au parmesan 132

PÂTE DE COING
Triangles de brebis à la pâte de coing 52
Triangles de comté à la pâte de coing 53

PÊCHE
Pêches à la mousse de mascarpone 189
Pêches au caillé de brebis 190

PECORINO
Salade toute verte aux courgettes, pistaches et raisin 73

PETITS POIS
Petits pois aux pommes et à la menthe 75

PIGNON
Boulettes d'agneau au blé 143
Boulettes de chèvre au raisin 59
Fenouil à l'huile d'olive et au citron confit 170
Tartare d'asperges sauvages aux pignons et aux abricots 138
Tartare de courgettes aux pignons et aux raisins secs 139
Truffes de dattes aux pignons 200
Truffes de figues aux pignons 200

PIMENT
Piment chili : Tartare de bœuf à la thaïe 135
Piment d'Espelette : Carpaccio de canard aux groseilles 174
Piment d'Espelette : Crémet de brebis au coulis de framboise 182
Piment d'Espelette : Fromage blanc au coulis de framboise 183
Piment d'Espelette : Purée d'avocat à la crème de sésame 30
Piment d'Espelette : Purée de noix au carvi 37
Piment d'Espelette : Salade de fraises à la menthe et au piment 201
Piment de Cayenne : Cabillaud au lait de coco 163
Piment de Cayenne : Ceviche de bar aux deux citrons 123
Piment de Cayenne : Ceviche de cabillaud aux deux citrons 123
Piment de Cayenne : Ceviche de lotte aux deux citrons 143

Piment de Cayenne : Crevettes
au lait de coco 163
Piment de Cayenne : Faisselle
au blé concassé 35
Piment de Cayenne : Grenadier
au lait de coco 162
Piment de Cayenne :
Purée de noix au carvi 37
Piment de Cayenne : Soupe
de tomate aux fraises 121
Piment de Cayenne : Tartines
campagnardes de sardines
aux pommes vertes 107
Piment de Cayenne : Tartines
campagnardes de thon
aux pommes vertes 108
Piment vert : Salade
d'aubergines tête de chat 80

PISSENLIT

Pans-bagnats à ma façon 104
Tartines chèvre frais-pissenlits
107
Tartines ricotta-pissenlits 107

PISTACHE

Bouchons d'asperges en robe
de graines 44
Champignons farcis au tartar
de jambon cru 148
Champignons farcis au tartar
de jambon fumé 149
Salade d'oranges aux pistaches
et à l'huile d'olive 185
Salade toute verte aux courgettes,
pistaches et raisin 73

POIRE

Émincé de poires et d'avocats
au parmesan 156
Émincé de poires et d'avocats
aux baies roses 155
Endives aux poires et au bleu
d'Auvergne 87
Fèves aux poires et à la menthe
76

Salade toute verte
aux courgettes, pistaches
et raisin 73
Tartare d'espadon aux poires
et aux noisettes 132
Tartare de thon aux poires
et au sésame 131
Tartare de thon blanc aux poires
et aux noisettes 132

POIVRE BLANC

Soupe de concombre au yaourt
125

POIVRE DE SETCHUAN

Melon citronné au poivre
de Setchuan 75

POIVRE VERT

Salade exotique de jambon
aux carottes 87
Salade exotique de jambon
aux courgettes 88

POIVRON

Poivron jaune : Sauce vierge
aux légumes de Provence 28
Poivron orange : Sauce vierge
aux légumes de Provence 28
Poivron rouge : Sauce vierge
aux légumes de Provence 28
Poivron vert : Salade
d'aubergines tête de chat 80

POMME

Carpaccio de foie gras au pain
d'épice et aux pommes vertes
165
Carpaccio de foie gras
aux pommes vertes 165
Endives aux pommes
et au roquefort 86
Makis express au pain,
noix et fourme 46
Petits pois aux pommes
et à la menthe 75

Purée de pommes vertes
  aux épices 34
Salade chilienne aux pommes
  vertes 97
Tartare de dorade aux pommes
  vertes 142
Tartare de lotte aux pommes
  vertes 143
Tartare de seiche aux pommes
  vertes 143
Tartines campagnardes
  de sardines aux pommes
  vertes 107
Tartines campagnardes de thon
  aux pommes vertes 108
Timbales de saumon fumé
  à l'avocat 117

PORTO

Caillé de brebis glacé
  à la mangue 193
Crème glacée à la mangue 193
Sablés roses au pamplemousse
  191
Sauce moutarde-orange 25

POULET

Tartare de poulet aux noix
  et aux figues 148
Tartare de poulet aux noix
  et aux raisins 147
Tartare de thon blanc au poulet
  141

POULET FUMÉ

Tartare d'espadon au poulet
  fumé 140

POUTARGUE

Pousses d'épinards
  à la poutargue 78

PRUNEAU

Truffes de pruneaux aux noix 199

RADIS

Radis o'fanes 77

RADIS NOIR

Carpaccio de radis noir
  à la mimolette 154
Carpaccio de radis noir
  au fromage de brebis 155
Salade de radis noir aux herbes
  et aux amandes 99

RAIFORT

Chou blanc pommé façon
  coleslaw 69
Chou chinois façon coleslaw 68

RAISIN

Salade toute verte
  aux courgettes, pistaches
  et raisin 73

RAISIN SEC

Boulettes de chèvre au raisin 59
Carottes aux amandes
  et à la fleur d'oranger 94
Chou blanc pommé façon
  coleslaw 69

Index alphabétique des recettes

Abricots au fromage de brebis 44
Abricots au parmesan 43
Allumettes de céleri au beaufort 97
Allumettes de céleri et de comté aux noix 96

Bouchées de dinde au jambon de Bayonne 56
Bouchées de sardines au sel 57
Bouchons d'asperges en robe de graines 44
Boulettes de chèvre au raisin 59
Boulettes d'agneau au blé 143

Cabillaud au lait de coco (V) 163
Caillé de brebis glacé à la mangue (V) 193
Carottes aux amandes et à la fleur d'oranger 94
Carpaccio d'espadon aux câpres (V) 157
Carpaccio d'espadon aux tomates séchées 156
Carpaccio de bar à la japonaise (V) 168
Carpaccio de canard aux groseilles 174

Carpaccio de dorade à la japonaise (V) 168
Carpaccio de dorade aux agrumes 168
Carpaccio de foie gras au pain d'épice 164
Carpaccio de foie gras au pain d'épice et aux pommes vertes (V) 165
Carpaccio de foie gras aux pommes vertes (V) 165
Carpaccio de maquereau façon gravlax (V) 167
Carpaccio de melon à la mozzarella 153
Carpaccio de radis noir à la mimolette 154
Carpaccio de radis noir au fromage de brebis (V) 155
Carpaccio de rascasse à la japonaise 167
Carpaccio de saumon façon gravlax 166
Ceviche de cabillaud aux deux citrons 123
Champagne aux fraises (V) 187
Champignons farcis au tartare de jambon cru 148
Champignons farcis au tartare de jambon fumé (V) 149
Charlotte légère chocafé 195
Chou blanc pommé façon coleslaw (V) 69
Chou chinois façon coleslaw 68
Chou pommé aux amandes et à la fleur d'oranger (V) 95

Cigarettes de gruyère à l'huile de truffe 51
Concombre à la marmelade de noix 50
Cottage cheese aux noisettes 33
Cottage cheese aux noix (V) 33
Crackers mis au vert 45
Crème glacée à la cannelle (V) 199
Crème glacée à la mangue (V) 193
Crème glacée d'avocat au saumon fumé (V) 127
Crème glacée d'avocat aux œufs de saumon 126
Crème glacée miel-cannelle 198
Crème glacée miel-cannelle à l'orange confite (V) 199
Crémet de brebis au coulis de framboise 182
Cresson et grenade à la tomme de chèvre 85
Cresson et grenade au fromage de brebis 83
Crevettes au lait de coco (V) 163

Émincé de cèpes à la crème de noix 163
Émincé de champignons de Paris à la crème de noix (V) 164
Émincé de poires et d'avocats au parmesan (V) 156
Émincé de poires et d'avocats aux baies roses 155
Endives aux poires et au bleu d'Auvergne (V) 87
Endives aux pommes et au roquefort 86

Faisselle au blé concassé 35
Fenouil à l'huile d'olive et au citron confit (V) 170
Fenouil à la crème de citron confit 170
Feuilles d'artichauts à la mimolette et à l'huile d'olive (V) 160
Feuilles d'artichauts au cantal et à l'huile de truffe 159
Feuilles de fenouil à l'anchoïade 48
Feuilles de veau à la vanille 176
Fèves aux poires et à la menthe (V) 76
Foie gras au sel et aux épices 114
Fraisananas au Grand Marnier 181
Fraises melba au champagne 186
Framboises melba au champagne (V) 187
Fromage blanc au coulis de framboise (V) 183
Fromage blanc égoutté aux noisettes (V) 33
Frozen yogurt à l'abricot 193

Glace aux mirabelles et... aux mirabelles 200
Granité de mangues et citron vert au champagne 190
Grenadier au lait de coco 162
Guacamole 31

Haddock au miel et au curry (V) 172
Haddock aux raisins et au curry 171

Mâche au chocolat amer 88
Mâche et grenade au fromage de brebis (V) 85
Makis express au pain 46
Marquises au chocolat et au gingembre confit (V) 206
Marquises au chocolat et aux framboises 205
Mayonnaise aux herbes (V) 66
Melon citronné au poivre de Setchuan (V) 75
Melon citronné aux baies roses 74
Mousse au chocolat au lait 184

Noisettes glacées croustillantes 202
Noix de Saint-Jacques au parmesan et au poivre noir 158
Noix de Saint-Jacques au parmesan et aux truffes (V) 159

Pans-bagnats à ma façon 104
Pan tomaquet au jambon de Bayonne 111
Parfait glacé aux marrons et à la fleur d'oranger 196
Pâte de tomates séchées 38
Pêches à la mousse de mascarpone 189
Pêches au caillé de brebis (V) 190
Petits pois aux pommes et à la menthe 75
Pousses d'épinards à la poutargue 78
Pousses d'épinards au chocolat amer (V) 89
Purée d'ail à la libanaise 36
Purée d'avocat à la crème de sésame 30
Purée de noix au carvi 37
Purée de pommes vertes aux épices 34

Radis o'fanes 77
Raita de banane 29
Râpée de courgettes au chorizo 98
Râpée de courgettes au saucisson (V) 99
Rouleaux de bœuf au céleri et aux truffes 160
Rouleaux de noix de veau au céleri et aux truffes (V) 161
Rouleaux de saumon à la rémoulade de chou 53
Rouleaux de viande des grisons au céleri et aux truffes (V) 161

Sablés roses au pamplemousse 191
Salade César au vinaigre balsamique 66

Salade chilienne aux pommes vertes 97
Salade d'ananas croque et pique 194
Salade d'aubergines tête de chat 80
Salade d'herbes juste cueillies 64
Salade d'oranges aux pistaches et à l'huile d'olive 185
Salade de betteraves aux noix 79
Salade de céleri-rave aux herbes et aux amandes (V) 100
Salade de citrons aux olives et à l'origan 69
Salade de crabe aux herbes 85
Salade de fèves à la cardamome (V) 83
Salade de fraises à la mâche (V) 72
Salade de fraises à la menthe (V) 202
Salade de fraises à la menthe et au piment 201
Salade de fraises à la menthe et au poivre (V) 202
Salade de fraises au cresson 71
Salade de haricots verts à la cardamome 82
Salade de mangues à l'indienne 206
Salade de panais aux abricots secs (V) 94
Salade de panais aux dattes (V) 94
Salade de panais aux figues sèches 93
Salade de pourpier au zeste de citron 70
Salade de radis noir aux herbes et aux amandes 99
Salade exotique de jambon aux carottes 87
Salade exotique de jambon aux courgettes (V) 88
Sandwichs moelleux au saumon fumé 110
Sauce moutarde-orange 25
Sauce vierge aux légumes de Provence 28
Saumon mariné aux lanières de concombre 63
Soupe de concombre au yaourt 125
Soupe de tomate aux fraises 121
Soupe fraîche de melon vert 127
Taboulé aux fruits exotiques 204

T

Tagliatelles de légumes au chèvre pané 172
Tarama maison 39
Tartare d'artichauts au chèvre (V) 133
Tartare d'artichauts au comté (V) 133
Tartare d'artichauts au parmesan 132
Tartare d'asperges sauvages aux pignons et aux abricots 138
Tartare d'espadon au poulet fumé 140
Tartare d'espadon aux poires et aux noisettes (V) 132
Tartare de bœuf à la thaïe 135
Tartare de courgettes aux pignons et aux raisins secs (V) 139
Tartare de dorade aux pommes vertes 142

Composition réalisée par IGS-CP

Achevé d'imprimer en mars 2008 en Espagne par
LIBERDUPLEX
Sant Llorenç d'Hortons (08791)
Dépôt légal 1re publication : avril 2008

Librairie Générale Française
31, rue de Fleurus – 75278 Paris Cedex 06

30/8439/9